나의 빛을 가리지 말라

STAND OUT OF OUR LIGHT

STAND OUT OF OUR LIGHT

나의 빛을 가리지 말라

주의 뺏기 경쟁 시대,
디지털 디오게네스의 경고

제임스 윌리엄스 지음

박세연 옮김

전병근 해제

머스트리드북

우리의 훌륭한 것들을 사용할 수 없다면

그건 수치스러운 일이다.

— 아리스토텔레스, 『정치학』

일러두기

1. 고딕체로 처리된 단어는 원서에서 이탤릭체로 강조한 것입니다.
2. 단행본은 『 』, 논문·기사·시·단편은 「 」, 신문·잡지는 《 》, 영화·드라마·노래·미술 등 예술 작품은 〈 〉로 표기했습니다.
3. 국내에 출간된 저작물은 한국어판 제목을, 미출간된 저작물은 제목을 번역하여 적고 원제를 밝혔습니다.

주의를 뺏긴 시대 한 줄기 빛 같은 책

눈만 뜨면 뉴스다. 다단한 국내 사건 사고를 차치하고도 우크라이나 전쟁, 기후 위기, 경제 위기, 인구 절벽, 고령화, 고용 불안… 하나같이 막막한 소식뿐이다. 해결 기미는 없고 속보만 이어진다. 마치 테트리스 게임에서 막대 수는 계속 늘고 속도가 점점 빨라지며 속수무책 쌓여만 가는 꼴이다. 어디서부터 어떻게 손을 써야 하나. 문제가 없었던 때는 없다. 지금 문제 중의 문제는 해결의 발판이 중대 위기에 처했다는 사실이다. 이른바 주체적 삶과 민주주의 기반의 오작동이다. 왜 그런가. 이 책의 저자는 마음에 영향을 주는 우리의 내부 환경이 심각하게 손상됐기 때문이라 말한다. 가장 중요한 자산이자 능력인 '주의attention'를 엉뚱한 곳에 뺏긴 결과다. 더 치명적인 것은 그런 사실조차 모르거나 심각성을 깨닫지 못하고 있다는 사실이다. 마치 유기체의 중추신경이 교란된 상태에서 사지 말단이 따로 놀고 있는 격이다.

요즘은 무슨 이유에선지 다들 바쁘다. 일이 많아서일까? 바쁘다는 말을 입에 달고 사는 사람들도 온갖 매체와 채널에서 쏟아지는 콘텐츠 따라잡기에는 뒤지지 않는다. 지하철 안 풍경을 흘낏 봐도 피곤함에 조는 사람보다 스마트폰을 들여다보는 사람이 훨씬 많다. 『감정 자본주의』라는 책으로 유명한 사회학자 에바 일루즈Eva Illouz는 선택이야말로 현대인의 자아를 형성하는 문화와 제도의 가장 강력한 벡터라 했다. 벡터, 다시 말해 자아 형성의 강한 추진력인 선택은 권리인 동시에 능력이다. 선택에 앞선 것이 시선이다. 시선은 관심의 신체적 표현이고, 주의는 정신의 핀라이트pin light다. 그런 시선을 우리는 속수무책으로 어딘가에 빼앗기고 있다. 그 결과 개인의 자율과 공동체의 민주주의가 위협받고 있다. 저자의 목소리는 사뭇 다급하게 다가온다.

구글 전략가에서 기술윤리 전사로

저자는 구글에서 전략가로 인정받은 직원이었다. 검색 광고 분야에서 공로를 세워 사내 최고 영예인 '파운더스 어워드Founders Award'까지 수상했다. 하지만 회사가 가는 길을 보며 갈수록 고민이 깊어졌다. 대다수 테크 플랫폼의 목표는 같다. 최대한 많은 사람을 자기 상품과 서비스에 오래도록 잡아두고 떠나지 못하게 하는 것이다. 왜? 광고 수익 때문이다. 인간을 위한다는 기술이 인간의 핵심인 주의를 포획해 파는 데 매달린다.

결국 저자는 결별을 택한다. 학부 시절 문학을 전공했고, 대학원에서는 제품설계공학으로 석사 학위를 받은 그는 대서양을 건너 옥스퍼드대학으로 향했다. 고심해온 기술윤리 철학을 공부하기 위해서였다. 그곳 인터넷연구소와 디지털윤리연구소, 베일리얼칼리지에 연구원으로 있으면서 기술 설계와 관련한 주의와 설득의 윤리와 철학 연구로 박사 학위를 받았다. 그때부터 정부와 기업의 설계자와 개발자, 경영자에게 기술윤리 문제를 자문하는 한편 기고와 논평, 강연을 이어갔다. 2017년에는 현대 사회 문제 해결을 위한 혁신적 사상가에게 주는 나인닷츠프라이즈Nine Dots Prize도 수상했다.

이 책은 그간의 연구와 성찰의 결실이다. 기술 전문 매체《테크크런치*TechCrunch*》는 이 책에 대해 "단번에 기술윤리학 분야 고전의 반열에 올랐다"라고 평했고, 영국《가디언*Guardian*》의 주말판《옵저버*Observer*》는 "이정표에 해당하는 책"이라 했다. 출간 이듬해인 2019년 프린스턴대학 총장은 '신입생들을 위한 올해의 사전 필독서'로 이 책을 선정했다.

주의 포획과 설득 기술, 그리고 광고 산업

의사결정 모델 이론으로 1978년 노벨 경제학상을 받은 허버트 사이먼Herbert Simon은 정보가 넘치면 희소 자원은 인간의 주의가 된다고 말했다. 지금이 바로 그렇다. 기업들은 사람들 시선을 뺏고 잡아두기 위해 혈안이다. 세상은 주의 포획을 위한 격전장이다. 정보의 양은 속도에 대처할 수 있을 때 의미가 있다. 속도가 지나치면 양이 많을수록 오히려 재앙이 된다. 테크 플랫폼 기업은 주의 뺏기에 왜 이리 혈안인가. 광고 수익 때문이다. 광고는 이전에도 있었다. 하지만 이 정도는 아니었다. 왜 이리되었나. 20세기 말 전자 매체는 광고주에게 새로운 플랫폼과 설득 전략을 가져다주었다. 하지만 효과는 측정이 곤란했다. 인터넷이 등장하면서 측정의 피드백 고리가 완성됐다. 여기에 네트워크로 연결된 단말기의 휴대성과 연결성이 높아졌다. 디지털 광고의 확장성과 수익성이 커지면서 비즈니스의 기본 모델이 되었다. 주요 플랫폼은 사실상 모두 광고 회사다.

광고 산업은 첨단 기술에 학문까지 활용한다. 인간 심리와 의사결정 지식을 체계적으로 적용한다. 세계 최고의 소프트웨어 엔지니어와 설계자, 분석가, 통계학자가 사람들의 생각과 행동을 사전 프로그래밍된 방향으로 나아가게 하는 방법을 찾기 위해 막대한 시간과 자원을 투입한다. 정보는 설득으로, 다시 행동 형성에서 태도 형성으로까지 나아갔다. 주의력 경제에서는 사용자가 매물이다. 기업은 인간 심리의 가장 낮은 차원인 충동을 겨냥한다. 심리학자와 행동경제학자가 수십 년간 분석해온 다양한 인지적 취약성과 의사결정 편향을 활용한다. 그야말로 "뇌간의 바닥을 향한 경주"다.

주의 포획의 차원은 보통 소비자의 상상을 초월한다. 어디에나 존재하고 항상 연결된 사용자 인터페이스와 함께 측정과 실험, 추적, 분석이 가능한 정교한 시스템이 됐다. 주의 경쟁과 사용자 설득 기술은 궁극적으로 의지 조작이라는 프로젝트 단계로까지 발전했다. 산업화한 설득의 힘은 우리 마음을 장악해간다. 이대로라면 위력은 갈수록 더해갈 것이다. 우리 일상은 점점 더 작고, 빠르고, 흔하고, 지능적이고, 매력적인 디지털 주의력 경제 진입점에 의해 중재되고 안내된다. 저자는 인공지능AI이 새로운 인터페이스가 될 시대에는 설득 기술이 '킬러 앱'이 될 수 있다고 경고한다. 각종 AI 비서와 로봇 같은 차세대 인터페이스 설계는 정확히 그 방향을 향하고 있다. 편리하고 똑똑한 인공 비서가 현실화할수록 그 시스템의 논리와 가치는 점점 인식의 표면 아래 자동화 층으로 들어가고, 사용자는 인식조차 어려워질 것이다.

개인 자율과 민주주의 파괴

그 결과는 개인과 공동체 모두에게 치명적이다. 주의 상실은 자유의지의 침식으로 귀결된다. 주의는 당장 눈앞의 문제에 관한 것만이 아니다. 삶 전체를 항해하는 방식에 관한 것이다. 인간 삶의 모든 단계에 걸쳐 우리의 목표와 가치를 설정하고 지향하게 해주는, 즉 '우리가 원하는 것을 원하도록 해주는' 일련의 근본 역량이다.

주의는 민주주의를 위한 필수 역량이자 토대이기도 하다. 철학자 장 자크 루소는 사회를 '신체'라고 한다면, "모든 기관이 조화를 이루도록 만드는 공동의 중추 감각 같은 것이 존재해야 한다"라고 말했다. 개인의 주의 약화는 공동체 신경 시스템에 발생한 합선과 같다. 숙고란 '자신의 믿음과 동기에 의문을 제기하기 위해 스스로 정신적 활동에 주의를 집중하는' 방식이다. 휴대전화를 하루 평균 150회 확인하고 2천600회 만지는 지금의 상황에서 '우리 안의 숙고'는 실현되기 어렵다. 인간은 점점 단말기가 돼 간다. 주의 분산은 집단적 차원의 정체성을 위협한다. 이는 집단적 아크라시아akrasia, 의지박약으로 이어질 수 있다. 철학자 찰스 테일러 Charles Taylor는 "사람들은 공동의 목적을 세우고 이를 추구하는 능력을 점차 상실하고 있다"라고 말한다.

기술 재설계를 위한 다원적 저항

어떻게 할 것인가. 상황이 중첩되어 얽혀 있는 만큼 다차원적 접근이 불가피하다. 저자는 철학자 루치아노 플로리디Luciano Floridi가 '인프라에틱스infraethics'라 부른 것을 소환한다. 인프라에틱스란 '도덕적으로 선한 의사결정과 행동을 뒷받침하는 암묵적 기대와 태도, 그리고 실천의 기반 구조'를 말한다. 인프라에틱스 관점은 사회 자체를 일종의 설득적 기술로 본다. 주의력 경제가 스스로 변할 것으로 기대하거나 방관할 수 없다. 저자는 사회철학자 허버트 마르쿠제Herbert Marcuse가 말한 '위대한 거부'라는 과제에 착수하자고 한다. 이는 법학자 팀 우Tim Wu가 『주목하지 않을 권리』에서 "불필요한 억압에 맞선 저항, 그리고 불안 없이 살아가기 위한 궁극적인 형태의 자유를 향한 투쟁"이라 명명한 것이다.

무엇보다 저자가 기대하는 것은 기술 설계자들의 윤리적 성찰과 실천이고, 이를 위한 사회적 동기 부여와 환경 조성이다. 여기에는 시민 사회의 사회적 압력도 포함된다. 변화의 주체는 누구이며 어디에서 어떻게 시작될 것인가. 저자는 테크 기업의 기술자는 물론 경영자, 투자자, 정책결정자, 시민 등 다양한 주체에게 기대하는(동시에 요구해야 할) 역할들을 상세히 열거한다. 주의력 경제를 올바른 방향으로 이끌기 위한 사회적 개입의 네 가지 유형도 제시한다. 모두가 논쟁의 물꼬가 될 수 있는 주제들이다.

책 서두에 저자는 거리의 철학자 디오게네스와 알렉산드로스 대왕의 일화를 소개한다. 디오게네스의 유명한 일화가 하나 더 있다. 그가 환한 대낮에도 등불을 비추고 다니자 사람들이 이유를 물었다. 그는 "정직한 사람을 찾기 위해서"라고 답했다. 저자는 지금 우리 모두를 포획해 들어오는 기술의 철창iron cage에 대한 경보를 울린 양심적 내부 고발자다. 그 목소리에 이제 우리가 주의를 기울일 차례다.

전병근

지식 큐레이터

서문

인간의 주의 자유를 위하여

중요한 일을 하려면 우리는 먼저 중요한 대상에 주의를 기울일 줄 알아야 한다. 물론 그건 쉬운 일은 아니다. 하지만 최근 들어 그 일은 새롭고 놀라운 차원에서 더 힘들어졌다.

우리가 인식하지 못하는 사이 인간의 자유에 대한 새로운 세대의 위협이 눈앞에 모습을 드러냈다. 그 흐름은 우리에게 이미 익숙한 형태로 다가왔기에 우리는 이를 제대로 알아차릴 수 없었다. 이는 정보라는 역사적으로 귀하고 가치 있는 자원을 선물로 가져왔다. 그러나 너무 많이, 그리고 너무 빠른 속도로 다가오는 바람에 그 선물은 우리에게 무거운 짐이 되고 말았다. 그나마 다행인 것은 그 선물은 **우리 편**이며, 우리가 원하는 대로 삶을 헤쳐 나가도록 돕기 위해 설계되었다는 약속과 함께 다가왔다는 점이다.

그러나 그 작고 놀라운 기계는 거대한 잠재력에도 불구하고 결코 우리 편이 아니었다. 그건 우리의 의도에 힘을 실어주는 것이 아니라 주로 우리의 주의를 포착하고 유지하는 일에만 관심이 있었다. '설득persuading'(미리 정해진 목표에 따라 우리의 생각과 행동을 형성하는 작업)이라는 점차 희귀해진 상賞을 놓고 벌이는 치열한 경쟁에서, 그건 가장 값싸고 유치한 속임수를 활용해 우리의 가장 낮은 차원에, 즉 우리의 고귀한 본성이 극복하기 위해 오랫동안 싸워왔던 저급한 자아에 호소해야 했다. 더 나아가 오늘날 우리의 주의를 포착하고 이용하기 위해 세상이 지금껏 봐왔던 것들 중 가장 똑똑한 컴퓨팅 시스템을 활용하고 있다.

우리는 너무 오랫동안 이러한 지능적이고 적대적인 설득의 위협을 단지 '주의 분산distraction'이나 사소한 짜증 정도로 치부해왔다. 이러한 도전 과제는 단기적 차원에서 우리가 원하는 일을 할 수 있는 능력을 크게 위축시킨다. 장기적 차원에서는 우리가 원하는 삶을 살아가지 못하게 가로막는다. 혹은 더 나쁘게 숙고나 자기통제와 같은 근본적인 능력을 위축시키고, 철학자 해리 프랑크푸르트Harry Frankfurt가 지적했듯이 '우리가 원하는 것을 원하기' 힘들게 만든다. 이러한 관점에서 볼 때, 그러한 새로운 주의의 적은 성공뿐 아니라 개인적, 집단적 차원에서 인간 의지의 완전성을 허물어뜨린다.

우리는 자유에 대한 위협 중 일부는 즉각 알아채지만, 다른 일부는 그 정체를 파악하기까지 오랜 시간이 걸린다. 인간 삶에 점차 스며드는 지능적이고 적대적인 설득의 경우 그 정체를 알아채는 인식의 과정은 이제 시작에 불과하다. 반면 위협(작동의 기반이 되는 인프라와 동기)은 이미 성숙했으며, 우리 삶 깊숙이 자리 잡았다. 그 결과 이러한 적대적인 설득 시스템을 우리 편으로 되돌리기에는 너무 늦은 것처럼 보인다. 그 시스템은 우리 삶 깊숙이 파고들어 쉽게 제거할 수 없다. 나는 내 삶이 그렇다고 믿지 않지만(완전히 절망적인 상황은 아니다), 그럼에도 구원의 문은 좁고 점점 더 좁아지고 있다.

나는 어떤 거대한 정치적 투쟁도 남아있지 않다고 생각하곤 했다. 내가 보기에 자유를 수호하기 위한 역사적 투쟁은 이미 더 위대한 앞선 세대에 의해 치러졌고, 결과적으로 승리로 끝이 났다. 힘들게 성취한 정치적 유산을 안전하게 관리하는 책임만이 우리 세대에 남아있을 뿐이다.

그러나 그건 얼마나 잘못된 생각이었던가. 인간의 주의에 대한 해방은 이제 도덕적, 정치적 차원에서 중요한 투쟁으로 남았다. 그 승리는 실질적으로 다른 모든 투쟁의 성공을 위한 전제 조건이다. 이러한 점에서 우리에게는 지능적이고 적대적인 설득 시스템이 우리를 재설계하기 전에 우리가 먼저 그것을 재설계해야 하는 책임이 있는 것이다. 이를 위해 우리는 그 문제에 대해 생각하고 논의하는 새로운 방식을 함께 만들어내야 하는 것은 물론, 비록 불편하고 인기 없는 방식이라 해도 이를 기반으로 발전해나가기 위한 용기를 끌어모아야 한다.

내 목표는 세부적인 지도를 제시하는 것이 아니라 앞으로의 노력을 위한 나침반을 보여주는 것이다. 이 책에는 대답보다 질문이 더 많이 담겨 있다. 이러한 점에서 이 책은 하나의 주장이라기보다 탐험에 가까울 것이다. 부디 이 책을 직관의 전개, 즉 올바른 논의를 위한 모색의 과정으로 여겨주기를 바란다. 사상가 랠프 월도 에머슨은 이렇게 말했다. "때로는 절규가 논문보다 낫다." 이 책은 논문이자 외침이다.

이 책을 쓰는 짧지만 온전한 시간은 카다스프라이즈재단Kadas Prize Foundation, 케임브리지대학 출판부, 케임브리지대학 예술·사회과학·인문학연구소CRASSH의 관대함과 선견지명, 그리고 나인닷츠프라이즈Nine Dots Prize 이사회와 직원들의 초인적인 노력이 없었다면 내게 주어지지 않았을 것이다. 이러한 특권은 내 연구가 앞으로 이어지게 될 일련의 유사한 노력의 시작을 알리는 계기가 되리라는 점에서 더욱 빛날 것이다. 이번 시도로 현재의 노력이 그들이 아량을 베풀 만하고 당신의 주의를 끌 만한 가치가 있다는 사실이 밝혀졌으면 하는 바람이다.

차례

1

트롤을 위한 철학

기원전 4세기 코린트의 어느 밝고 따스한 아침이었다. 시장은 여느 때와 다름없어 보였다. 물건을 사러 온 사람들은 상인과 생선 장수가 내다놓은 것들을 이리저리 살피고 있었다. 바닷바람에서는 사람들의 땀 냄새와 발 냄새가 퀴퀴하게 묻어났다. 새들은 울부짖고 파도는 넘실거렸다. 개들은 사람을 피해 무리 지어 다녔다. 어디를 둘러봐도 평범한 날이었다. 분노와 혐오가 뒤섞인 그리스인들의 외침이 갑작스럽게 들려올 때까지는 말이다.

시장에 나온 사람들이 무엇, 혹은 누군가로부터 갑자기 물러서면서 군중 한가운데 동그란 원이 만들어졌다. 그 안에는 한 거지가 자기 집으로 삼고 있던 커다란 항아리에 기대어 바닥에 드러누워 있었다. 그는 몸에 달랑 천 쪼가리 하나만 걸치고 있었는데, 그마저도 아무런 거리낌 없이 벗어던지곤 했다. 그 광경을 목도한 불운한 사람들은 주춤거리며 물러섰다. 그의 정체를 잘 아는 이들은 그의 돌발 행동에 놀라지 않고 오히려 즐거워하기까지 했다.

그는 그저 그런 평범한 거지가 아니었다. 그는 다름 아닌 그리스에서 가장 유명한 철학자인 튀르키예 동부 시노페 출신의 디오게네스 라에르티오스였다.

대부분 철학자는 항아리 속에서 살지 않는다. 그러나 디오게네스는 평범한 철학자가 아니었고, 그런 철학자가 될 생각도 없었다. 그는 철학에 관해 아무런 글도 남기지 않았지만, 그의 삶과 주장에 관한 이야기는 아주 먼 곳까지 퍼져 나갔다. 그는 가족이나 친척이 없었으며, 화폐를 훼손한 혐의로 고향에서도 추방되었다. 디오게네스는 가난한 삶을 고집했다(이런 이유로 그는 큰 항아리에서 살았다). 많은 자유로운 시간(거의 모든 시간)을 행인을 야유하고 침을 뱉으면서, 그리고 개들을 모아놓고 강의를 하면서 보냈다. 심지어 사람들이 보는 곳에서 자위행위를 하기까지 했다.

그는 대낮에도 종종 등불을 들고 돌아다녔다. 사람들이 이유를 물으면 이렇게 답했다. "정직한 사람을 찾고 있소." 세상에서 가장 아름다운 것이 무엇이냐는 질문에는 이렇게 응했다. "말할 수 있는 자유요." 그는 플라톤과 같은 동시대 현자들의 강의에 참석해, 쩝쩝거리며 음식을 먹으면서 분위기를 흐리는 일로도 유명했다. 공격적이고, 충동적이며, 노골적인 무례한 태도로도 악명 높았다. 디오게네스가 나타나면, 그곳은 어김없이 위험한 공간이 되었다. 오늘날 태어났다면, 우리는 그를 '트롤troll'(북유럽 신화에 등장하는 괴물. 오늘날 인터넷에서 악의적인 글을 게시하는 사람을 일컫는다 – 옮긴이)이라 불렀을 것이다.

그러나 그러한 오명에도 불구하고, 혹은 바로 그 오명 때문에 그는 강력한 권력자의 주의를 끌었다. 그 권력자는 다름 아닌 알렉산드로스 대왕이었다. 단언하건대 그는 당시 세상에서 가장 강력한 권력을 지닌 인물이었다. 알렉산드로스는 그리스의 기인, 즉 그 유명한 트롤 철학자를 추앙했고, 이렇게까지 말했다. "내가 알렉산드로스가 아니었다면, 디오게네스가 되었을 것이다."[1]

결국 알렉산드로스는 디오게네스를 찾아갔다. 문제의 그날, 디오게네스는 코린트에 있는 체육관 크라네움 바닥에서 일광욕을 즐기고 있었다. 무시무시한 호위 무사와 부하, 그리고 군인에 둘러싸인 알렉산드로스는 천 쪼가리만 걸치고 바닥에 드러누운 그 불쌍한 거지에게 다가가 아첨하듯이 경의를 표했다. 그러고는 즉흥적인 것인지, 아니면 미리 생각해둔 것인지 그에게 깜짝 놀랄 제안을 했다. 그건 바로 소원을 들어주겠다는 것이었다. 이제 디오게네스가 할 일은 소원을 말하는 것뿐이었다. 그러면 이루어질 것이었다.

사람들의 시선은 기대감으로 가득했다. 디오게네스는 과연 어떤 소원을 말할 것인가? 아주 좋은 제안이라도 그것을 받는 이에게는 대응할 책임이 따른다. 설령 거부한다고 해도 그러한 제안을 해준 것에 대해 감사를 표할 의무가 있다. 하지만 디오게네스는 비록 거지임에도 사람들의 호의에 감사하는 그런 인물이 아니었다. 그가 과연 어떤 반응을 보일 것인가? 인생을 바꿀 절호의 기회 앞에서 그는 트롤임을 거부할 것인가? 시노페 추방을 무효로 만들어 고향으로 돌아가게 해달라고 부탁할 것인가? 혹은 알렉산드로스의 제안을 거부할 것인가? 아니면 아예 대꾸조차 하지 않을 것인가?

그러나 디오게네스는 반응을 했다. 그는 알렉산드로스를 올려다보며 손짓을 했다. 그리고 이렇게 일갈했다. "햇빛을 가리지 마시오!"[2]

디지털 알렉산드로스

21세기가 시작될 무렵, 새롭고 놀라운 설계된 요소들(정보와 통신 기술)이 인간 삶을 바꿔놨다. 우리의 일상적인 경험과 상호 교류, 그리고 사고방식과 습관은 이제 그 새로운 발명으로부터 많은 영향을 받고 있다. 그러한 기술이 내부적으로 작동하는 방식은 많은 이들이 그것을 마술과 구별할 수 없을 만큼 신비롭다. 우리는 그 새로움과 위력에 깜짝 놀라면서 그것을 찬탄하고 신뢰한다. 그러한 발명의 창조자들이 주장하듯이 그 기술은 우리를 안내하고, 우리가 원하는 삶을 살아가도록 돕기 위해 설계되었다. 우리는 그 놀라운 발명이 우리 편이라 기꺼이 믿는다.

알렉산드로스가 디오게네스에게 건넨 제안처럼 우리는 우리 시대 젊은 권력자, 즉 디지털 알렉산드로스가 우리 삶에 스며들어 소원을 들어주겠다는 제안에서 우리에게 친숙한 어떤 제국적인 낙관주의를 발견하게 된다. 물론 디지털 기술은 이미 많은 측면에서 우리의 요구와 바람을 충족시켜줬고, 많은 측면에서 우리 편에 서 있었다. 그 기술은 우리에게 정보를 제공하고 서로 의사소통을 할 수 있도록 해줬으며, 세상을 이해하는 능력을 획기적으로 높여줬다. 오늘날 나는 손바닥만 한 크기의 얇은 플라스틱 기기를 가지고 시애틀에 있는 가족과 대화를 나눌 수 있고, 셰익스피어의 모든 희곡을 지금 바로 읽을 수 있으며, 내가 뽑은 정치인에게 당장 메시지를 보낼 수도 있다. 내가 어디에 있든 상관없이 말이다.

그러나 이러한 새로운 권력이 우리의 생각과 행동의 중심이 되면서, 우리는 알렉산드로스가 디오게네스에게 했듯이 그것이 우리의 햇빛을 가리고 있다는 사실을 깨닫기 시작했다. 그 햇빛은 인류의 번영에 소중하고 핵심적인 요소이기에, 그것이 없으면 다른 모든 혜택도 우리에게 도움이 되지 않을 그러한 빛이다.

그 빛은 바로 우리의 주의의 빛이다. 오늘날 정보 시대에 잠재적으로 되돌릴 수 없는 근본적인 변화가 인간의 주의에 일어나고 있다. 이러한 상황에 대처하는 것은 우리 시대 최고의 도덕적, 정치적 과제가 될 것이다. 여기서 내 목표는 내가 왜 그렇게 생각하는지 그 근거를 설명하고, 우리의 소중한 햇빛을 지키기 위해 당신에게 도움을 요청하는 것이다.

1부

설계된 주의 분산

2

불완전한 GPS

10여 년 전 나는 구글에서 일하고 있었고, 규모의 차원에서 여전히 내가 훌륭하다고 생각하는 임무를 추구하고 있었다. 그건 '세상의 모든 정보를 조직화해 보편적으로 접근하고 사용할 수 있게 만드는 일'[1]이었다. 어느 날, 문득 그 어느 때보다 내 삶에 많은 기술이 존재한다는 생각이 들었다. 하지만 그럼에도 내가 원하는 일을 하기에는 더욱 힘들어진 느낌이었다.

나는… **주의가 분산된** 느낌이었다. 하지만 그건 단순한 '주의 분산' 이상의 것이었다. 그건 내가 적절한 표현을 떠올리기 어려운, 새로운 형태의 **근본적인** 주의 분산이었다. 단순한 짜증을 넘어 더 깊은 차원에서 무언가 변화가 일어나고 있었고, 그 파괴적인 영향은 우리가 일상적인 삶에서 예상하는 표면적 차원의 잡음보다 훨씬 더 심각하게 느껴졌다. 일관성이 허물어지는 느낌이었다. 마치 발 딛고 서 있는 바닥이 흔들리고, 갈라진 틈으로 내 몸이 떨어지고 있다는 사실을 깨닫기 시작하는 것처럼 말이다. 내 삶이 명료하게 설명할 수 없는 다소 애매모호한 방식으로 제대로 나아가지 못하고 있는 것 같았다. 세상의 모든 것이 희박한 공기 속으로 흩어지는 것처럼 보였다. 하지만 그게 말이나 되는 소린가? 어쨌거나 그때는 그렇게 생각했다.

그게 무엇이든, 그 근본적인 주의 분산은 기술이 우리 삶에 미치리라 기대했던 것과는 정반대되는 현상처럼 보였다. 나는 스스로에게 이렇게 물었다. "이 모든 기술은 원래 나를 위해 무엇을 **해주기로** 되어 있던가?"

혼란에 빠진 목표

스스로 세운 목표에 대해 잠시 생각해보자. 이 책을 읽겠다는 목표, 오늘의 목표, 이번 주의 목표, 올해의 목표, 혹은 더 먼 미래를 위한 목표. 당신이 대부분 사람과 비슷하다면, 아마도 이런 목표를 세웠을 것이다. 피아노 배우기, 가족과 더 많은 시간 보내기, 여행 계획 세우기…. 이것은 실질적인 목표, 즉 인간적인 목표다. 우리가 죽음을 맞이할 때 못다 한 것을 후회하게 될 그러한 목표다. 기술이 우리에게 도움을 주는 것이라면, 바로 이러한 목표를 달성하도록 도와야 할 것이다.

몇 년 전 나는「임종을 앞둔 후회Regrets of the Dying」[2]라는 제목의 글을 읽은 적이 있다. 그 글은 힘겹게 버텨온 삶에 환멸을 느낀 한 여성 사업가가 하던 일을 그만두고 죽어가는 이들을 돌보게 된 사연을 담고 있었다. 그녀는 그들의 요구에 귀를 기울이고, 그들의 후회하는 것들에 관한 이야기를 들으면서 많은 시간을 보냈다. 그리고 삶에서 했더라면, 혹은 하지 않았더라면 좋았으리라 여기는 공통적인 이야기를 글로 옮겼다. 가령 너무 열심히 일했다거나, 자신의 감정을 솔직하게 표현하지 않았다거나, 혹은 자신의 행복을 위해 노력하지 않았다는 등의 이야기를 말이다. 내가 보기에 그건 진정으로 우리에게 필요한 관점이자, 스크린과 기계가 계속해서 우리가 돌아갈 수 있도록 도움을 줘야 한다고 생각하는 관점이다. 무엇을 선택해야 하든 후회를 선택하는 사람은 없을 것이기 때문이다.

조금 전의 목표를 되돌아보자. 그리고 우리를 위한 기술의 목표가 무엇인지 상상해보자. 그게 무어라고 생각하는가? 나는 여기서 기업의 사명이나 큰 성공을 거둔 마케팅 메시지를 말하는 것이 아니다. 그보다는 상품 디자인 회의에서 화이트보드에 적어놓은 목표, 혹은 그들이 당신의 삶에서 성공이 의미하는 바를 정의할 때 사용하는 기준을 말한다. 그것들이 우리 자신을 위한 목표를 반영한다고 생각하는가?

미안한 말이지만, 그렇지 않을 것이다. 기술의 관점에서 성공이란 우리 자신의 목표가 아니라 일반적으로 말하는 낮은 단계의 '참여engagement'를 의미한다. 여기에는 우리가 특정한 상품과 보내는 시간의 양을 늘리고, 최대한 많이 클릭하고 탭하고 화면을 스크롤하게 만들고, 혹은 최대한 많은 웹페이지와 광고를 보여주는 것이 포함된다. 기술 산업의 한 가지 기이한 측면은 단어에서 심오한 의미를 제거하는 능력이다. '참여'가 바로 그러한 단어에 해당한다. (덧붙이자면 이 단어는 '군사적 충돌'이라는 의미도 있다. 이러한 점에서 'engagement'에는 본질적으로 적대적인 의미가 담겨 있다.)

그러나 이러한 '참여'는 우리에게 비인간적인 사소한 목표다. 누구도 '참여'를 삶의 목표로 세우지 않는다. 가령 아침에 일어나 스스로에게 이런 질문을 던지는 사람은 없다. "오늘 얼마나 많은 시간을 소셜미디어에 투자해야 할까?" (혹시 그런 사람이 있다면, 만나서 이야기를 들어보고 싶다.)

이러한 사실이 의미하는 바는, 우리가 세우는 목표와 기술이 우리를 위해 세우는 목표 사이에는 극단적인 불일치가 존재한다는 것이다. 내가 보기에 이는 정말 중요한 문제이자 누구도 충분히 제기하지 않은 문제다. 우리는 기술이 우리와 함께 삶을 살아갈 시스템이라 기대한다. 우리가 원하는 것을 할 수 있도록, 우리가 원하는 사람이 될 수 있도록 도와줄 것으로 기대한다.

어떤 면에서 정보 기술은 우리 삶을 안내하는 GPS가 되어야 한다. (물론 살아가면서 우리는 자신이 **정확히** 어디로 가고자 하는지 모를 때가 있다. 그럴 때 기술의 역할은 우리가 원하는 방식으로 목적지에 도달하도록 돕는 일이다.) 그런데 우리가 사용하는 GPS 장비가 자신에게 적대적이라 상상해보자. 당신은 지금 새로운 GPS를 사서 차량에 장착했다. 처음 사용했을 때는 정확한 장소에 효율적으로 도착하도록 안내했다. 하지만 두 번째 여정에서는 의도한 목적지에서 조금

떨어진 곳으로 데려다줬다. 당신은 사소한 결함이거나, 혹은 지도 업데이트가 필요한 것으로 생각한다. 세 번째 여정에서는 목적지에서 크게 벗어난 곳에 도착했다는 사실을 알고는 충격을 받는다. 자신이 생각한 장소와는 정반대되는 곳에 와 있다. 이러한 결함이 계속되자 결국 포기하고 집으로 돌아가기로 한다. 집 주소를 입력하자 GPS 시스템은 몇 시간이나 걸리는 것은 물론 전혀 다른 도시로 향하는 길을 안내한다.

합리적인 사람이라면, GPS가 고장 났다고 생각하고 매장으로 도로 가져갈 것이다. 화가 나서 자동차 밖으로 내던지지 않았다면 말이다. 자신이 원하는 장소가 아닌 다른 곳으로 안내하는 GPS를 누가 계속해서 참고 쓴다는 말인가? 그러한 장비를 끝까지 참고 써야 할 이유가 대체 무어란 말인가?

누구도 **물리적** 공간에서 여정을 안내하는 기술로 인한 이러한 혼란은 참지 않을 것이다. 하지만 우리는 **정보적** 공간에서 여정을 안내하는 기술로 인한 혼란은 일상적으로 참아내고 있다. 다시 말해 우리는 자기 삶을 안내하는 GPS, 즉 오늘날 우리의 생각과 행동의 많은 부분을 안내하는 정보통신 시스템의 허술한 '항해력 navigability'에 대해서는 놀라운 인내심을 발휘하고 있다.

주의 분산을 향한 욕망

나는 기술 산업을 둘러보면서 새로운 눈으로 설계의 많은 부분을 결정하는 대시보드와 계기판, 그리고 그 목표를 주시하기 시작했다. 이는 수많은 사람의 삶을 안내하는 GPS에 우리가 입력하는 목적지다. 나는 내 삶이 나를 둘러싼 화면 속에서 점점 증가하는 원색의 숫자, 즉 조회 수와 사이트에서 보내는 시간, 클릭 수, 전체 대화에 반영되어 있다는 상상을 해봤다. 그런데 갑자기 이러한 목표가 아무런 의미가 없고, 왜곡되어 있는 것처럼 느껴졌다. 그것들은 결코 **나의** 목표도, 그 누구의 목표도 아니었다.

나는 곧 내가 **정보**의 조직화가 아니라 **주의**의 조직화 속에 얽혔다는 사실을 깨달았다. 기술 산업은 상품을 설계하지 않는 대신 사용자를 설계한다. 이러한 마법 같은 보편적인 목표 시스템은 결코 중립적인 '도구'가 아니다. 그건 살아있는 인간의 삶을 안내하는 목표 기반 내비게이션 시스템이다. 그건 우리의 주의의 연장延長이다. 경제사학자 해럴드 이니스Harold Innis는 자신의 모든 연구의 출발점이 다음과 같은 질문이 있다고 밝힌다. "우리는 왜 우리가 주목하는 것에 주목하는가?"[3] 그때까지 나는 나 자신의 주의와 관련해 안타깝게도 이러한 질문을 던지려는 노력을 하지 않았다는 사실을 깨달았다.

그러나 나는 동시에 이것이 단지 **나**에 관한, 즉 나의 심각한 주의 분산과 혼란에 빠진 목표에 관한 것만은 아니라는 사실을 깨달았다. 많은 사람이 어떤 상품을 사용할 때, 그것을 만든 이는 단지 사용자를 설계하는 것이 아니라 사회를 설계한다. 그런데 최근 내가 서서히 느끼기 시작하는 것처럼 사회 전체가 낯설고 심각한 방식으로 주의 분산 문제를 겪고 있다면, 이는 대체 무엇을 의미하는가? 이러한 문제는 공유된 관심과 공동의 목적, 집단 정체성, 그리고 정치적 측면에서 무엇을 의미하는가?

미디어학자 닐 포스트먼Neil Postman이 1985년에 출간한 『죽도록 즐기기』라는 책은 세월이 흐를수록 더 의미 있고 선견지명이 돋보이는 자료로 인정받고 있다.[4] 포스트먼은 책의 서문에서 올더스 헉슬리Aldous Huxley가 『다시 찾아본 멋진 신세계』에서 펼친 주장을 이렇게 떠올린다. 그의 시대에 자유의 수호자들은 "주의 분산을 향한 무한에 가까운 인간의 욕망…을 고려하지 못했다."[5] 포스트먼은 헉슬리가 『다시 찾아본 멋진 신세계』에서 경고한 인간 자유에 대한 간접적이고 설득적인 위협을 조지 오웰이 『1984』에서 주목한 직접적이고 강압적인 형태의 위협과 비교한다. 포스트먼이 주장하기로 헉슬리의 선견지명은 앞으로 다가올 세상에서 자유를 위협할 가장 치명적인 적이 우리가 두려워하는 대상으로부터가 아니라, 우리에게 즐거움을 주는 것들로부터 모습을 드러내리라 예측했다는 사실에 있다. 그건 우리가 밤잠을 설치게 만드는 '인간의 얼굴에 영구히 새겨진 발자국'에 대한 예측이 아니라, '사람들이 억압을 사랑하고 그들의 사고력을 방해하는 기술을 흠모하는'[6] 상황에 대한 암울한 예측이다. 다시 말해 무한한 피드를 통해 영원히 이어지는 엄지 스크롤링이다.

나는 디지털 기술의 설계와 관련해 우리가 헉슬리의 동시대인으로서 똑같은 실수를 저질렀는지 궁금했다. 내가 '주의 분산을 향한 무한에 가까운 욕망'을 고려하지 못했는지 의문이 들기도 했다. 비록 정답을 알지 못했지만, 그 질문에 급박한 관심을 기울여야 한다는 생각에 이르렀다.

3

주의의 시대

눈앞에 놓인 것을 바라보기 위해서는 끊임없는 노력이 필요하다.

— 조지 오웰

미국보다 세 배는 더 긴 역사를 자랑하는 오래된 학교에서 기술윤리학을 공부하기 위해 지구 반대편으로 유학을 떠나겠다고 말했을 때, 어머니는 이렇게 물었다. "왜 새로운 걸 공부하기 위해 그렇게 오래된 곳으로 가려는 거니?"

어떤 면에서 그 질문에는 이미 정답이 들어있었다. 내가 보기에 기술 산업에서 일하는 것은 산을 오르는 일과 같았다. 산을 오르는 것은 산을 이해하기 위한 한 방법이다. 그것도 대단히 직접적이고 실질적인 방법이다. 하지만 산의 형태를 이해하고 그 특징과 지형의 광범위한 관계를 파악하려 한다면, 산에서 한참을 벗어나서 뒤돌아봐야 한다. 나는 내 삶의 결함 있는 GPS를 연구하기 위해 멀리 떠나야겠다고 생각했다. 내게 필요한 것은 거리였다. 물리적인 거리뿐 아니라 기술 산업이라는 거센 바람이 불어오는 흉미진진한 절벽으로부터 일시적인, 그리고 궁극적으로 중요한 거리가 필요했다. "바위 사이에서는 멈춰 서거나 생각할 수 없다."[1] 눈앞에 놓인 것을 바라보기 위해서는 멀리 떨어져 전체를 확인하려는 끊임없는 노력이 필요하다.

나는 머지않아 기술 산업이라는 산에서 멀어지려는 내 시도가 정보 시대의 근본적인 가정으로부터 거리를 두려 하는 더 보편적인 시도와 어떤 측면에서 비슷하다는 사실을 깨달았다. 청동기 시대나 철기 시대처럼 특정 시대를 살았던 인류는 그들의 시대를 지금 우리가 부르는 이름으로 부르지 않았을 것이다. 그들은 절대 바뀌지 않으리라 생각했던 그들 시대의 근본적인 가정에 뿌리를 둔 다른 이름을 사용했을 것이다. 이러한 점에서 우리가 우리 시대를 '정보 시대'라고 부른다는 사실은 나를 다소 당황하게 만든다. 정보는 우리가 헤엄치는 물이다. 우리는 정보를 인간 경험의 원료라 생각한다. 이러한 점에서 오늘날 인류에 대한 지배적인 은유는 컴퓨터이며, 우리는 주로 정보 관리의 관점에서 오늘날의 도전 과제를 이해한다.

물론 이는 우리가 디지털 기술을 이야기하는 일반적인 방식이다. 우리는 **정보**를 본질적으로 우리가 관리하고, 이용하고, 전송하는 것으로 생각한다. 예를 들어 내가 이 문장을 쓰기 십 초 전에 아내가 내 방에 들어와 이렇게 말했다. "라디오에서 인터넷을 '거짓 정보의 컨베이어벨트'라고 말하는 것을 들었어." 우리는 매일 라디오에서, 신문에서, 혹은 다른 사람과의 대화에서 이러한 말을 듣는다. 우리는 본능적으로 디지털 기술과 관련된 문제를 정보 차원에서 인식한다. 이 말은 우리가 오랫동안 고민하는 정치적, 윤리적 문제가 동시에 정보 관리, 즉 프라이버시와 보안, 검열 등과 관련 있다는 사실을 의미한다.

정보와 주의의 역전

이는 충분히 이해할 수 있는 말이다. 역사적으로 인류는 대부분 기간에 정보가 결핍된 환경에서 살아왔다. 이러한 관점에서 정보 기술의 포괄적인 목표는 우리와 정보 사이 벽을 '허물어뜨리는' 일이었다. 정보가 귀했으므로 모든 새로운 정보는 삶에 대한 가치 추가를 의미했다. 인간은 그러한 정보에 주의를 기울이고, 그것을 세상에 대한 더 넓은 그림으로 통합할 능력을 갖추고 있었다. 예를 들어 한 세기 전 누군가 도시 거리의 한 모퉁이에 서서 연설을 했다고 해보자. 사람들은 멈춰 서서 그 이야기에 귀를 기울였을 것이다. 그들에게는 여유롭게 쓸 수 있는 시간과 주의가 있었다. 역사적으로 정보는 귀했기 때문에 많을수록 좋다는 것이 사회적 통념이었다. 그러나 디지털 컴퓨팅 시대가 열리면서 우리와 정보 사이를 가로막던 장벽이 허물어졌다.

1970년대 저명한 경제학자 허버트 사이먼Herbert Simon이 지적한 것처럼, 정보가 풍부해질 때 **주의**는 희귀한 자원이 된다.

> 정보가 흘러넘치는 세상에서 정보의 풍요는 다른 무언가의 결핍을 의미한다. 즉 그게 무엇이든 정보가 소비하는 대상이 귀해진다. 그 대상은 명백하다. 정보는 그것을 받아들이는 주체의 주의를 소비한다. 그러므로 정보의 풍요는 주의의 결핍, 그리고 풍부한 정보 사이에서 주의를 효율적으로 할당해야 할 과제를 만들어낸다.[2]

사이먼의 시대 이후 작고 항상 연결되어 있는 범용 컴퓨터가 널리 보급되면서 전 세계적 차원에서 이와 같은 정보와 주의의 역전 현상이 모습을 드러냈다. 오늘날 우리는 주머니 속에 들어있는 담뱃갑 크기의 조그마한 장비를 통해 대부분 정보에 접근할 수 있고, 우리가 원하는 대부분 사람과 접촉할 수 있다. 정보와 연결에 즉각적으로 접근할 수 있는 능력은 우리의 경험 기반을 놀라우리만치 빠르게 확장하고 있다. 말하자면 우리의 정보적 **도구**가 빠른 속도로 정보적 **환경**이 되고 있는 것이다. 게다가 TV나 라디오와 같은 전통적인 매체들 역시 대부분 디지털 방식으로 전환되면서, 네트워크화된 디지털 환경이 인간 삶에 상존하게 되었다. 오늘날 북미 지역의 일반적인 가정에서는 인터넷에 연결된 장비를 평균 13개 정도 발견할 수 있다.[3]

정보와 주의 사이 이러한 역전 현상은 너무도 압도적으로 우리 삶에 스며들어, 이제 그 영향을 의식적으로 인식하기는 더욱 힘들어졌다(역설적이게도). 사이버네틱스나 제어시스템과학이 처음 모습을 드러내기 시작했을 때는 이러한 변화의 본질을 더 쉽게 알아챘을 것이다. 그 시기는 사이먼이 글을 썼던, 그리고 미디어 이론가 마셜 매클루언Marshall McLuhan을 비롯한 많은 이들이 대중문화의 레이더 속에 '매체 생태계'라는 개념을 끌어들인 때였다.[4]

하지만 오늘날 우리는 정보가 어떻게 우리 삶을 둘러싸고 있는지 이해하기 위한 개념적 기준을 잃어버렸다. 우리는 다만 아주 가끔씩 과거 세상을 단편적으로 경험할 뿐이다. 가령 캠핑을 떠날 때, 장거리 비행으로 오랜 시간 인터넷을 사용하지 못할 때, 스마트폰이 고장 나서 며칠 동안 수리를 맡겨야 할 때, 혹은 의식적으로 디지털 '디톡스'를 실천할 때가 그렇다. 하지만 이러한 경우는 결코 일반적인 상황이 아니며, 갈수록 드물어지고 있다. 우리가 상상할 수 없는 세계적인 재앙이 일어나지 않는 한, 정보가 귀한 과거 세상으로의 회귀는 영원히 불가능하게 된 것으로 보인다.

통제력 상실

그렇다면 정보의 풍요가 주의의 결핍을 초래한다는 말은 **진정** 무슨 뜻일까? 풍요롭다고 말할 때는 어떤 기준이 존재해야 한다. 우리는 이렇게 묻는다. "오늘날 정보는 무엇과 비교해 풍요로운가?" 이 질문에 우리는 이렇게 대답할 수 있다. "역사적으로 활용 가능했던 정보의 양." 틀린 말은 아니지만, 여기서 우리가 관심을 기울여야 할 의미 있는 기준으로는 보이지 않는다. 논의의 맥락에 비춰볼 때 **역사적인** 이야기는 오직 부수적인 관심 대상일 뿐이다. 두

시점 사이에 발생한 단순한 정보 증가는 그 자체로 문제가 아니다. 우리에게 의미 있는 기준은 **기능적인** 것이다. 우리에게 중요한 것은 정보의 양이 우리가 처리할 수 있는 한계의 위, 혹은 아래에 있는지이다.

여기서 내가 의도하는 바를 쉽게 이해하기 위해 테트리스 게임을 떠올려보자. 이 게임의 목적은 위에서 떨어지는 다양한 모양의 블록을 회전하고 쌓아 없애버리는 것이다. 게임을 할수록 블록이 떨어지는 속도는 점점 더 빨라진다. 화면 밖에서 우리를 기다리는 블록의 전체 개수는 무한하다. 우리가 신속하게 대처할 수 있다면, 이 게임을 무한정 즐길 수 있다. 중요한 것은 풍요와 무한이 아니다. 이 게임의 도전 과제이자 우리가 이 게임에서 궁극적으로 대처해야 하는 것은 점점 빨라지는 블록이 떨어지는 속도다. 마찬가지로 정보의 양은 정보가 다가오는 속도에 우리가 대처할 수 있을 때 의미가 있다. 정보가 아무리 많더라도 그것이 다가오는 속도가 극단적으로 빠르다면, 아무런 의미가 없다.

이러한 점에서 정보의 풍요가 가져다주는 주요한 위험은 (마치 우리의 주의가 정량화할 수 있는 한정적인 자원인 것처럼) 정보가 우리의 주의를 **장악**하거나 **고갈**시키는 것이 아니라 우리가 그 과정에서 **통제력을 잃게 된다**는 것이다. 다시 말해 테트리스 게임의 진정한 위기는 블록을 잘못된 곳에 쌓을 때가 아니라(물론 문제를 더 심각하게 만들기는 하지만) 블록의 방향을 결정하고, 회전하고, 쌓는 능력에 대한 통제력을 잃어버릴 때 발생한다.

바로 이 지점에서(통제력의 유지, 혹은 상실) 정보의 풍요와 주의의 결핍이라는 개인적이면서 정치적인 도전 과제가 발생한다. 정보의 풍요가 주의의 결핍을 초래한다는 것은 정보와 우리 사이 장벽이 허물어지는 것이 아니라 오히려 새로운 장벽이 생기고 있다는 사실을 의미한다. 이는 우리가 우려해야 할 진정으로 중요한 유형의 검열은 정보 관리가 아니라 주의 관리에 관한 것이라는 의미다.

뉴스나 교육, 법률, 광고 등 우리 삶을 안내하기 위해 개발된 많은 시스템은 정보 결핍의 환경에서 등장했다. 우리는 이러한 시스템이 우리를 위해 무엇을 해야 하는지, 그리고 어떻게 그 시스템을 개선해야 하는지에 대해 지금의 새로운 정보 풍요의 세상에서 이제 막 고민을 시작했을 뿐이다.

우리는 지금의 세상을 정보 시대라 부르는데, 그것보다 '주의 시대Age of Attention'라고 부르는 것이 더 적절할 듯하다. 주의 시대에 디지털 기술은 우리가 직면하는 새로운 문제(근본적으로 자기통제라고 하는 도전 과제)를 해결해나가도록 도와야 한다.

4

스스로 경계 세우기

위대한 자, 자신을 통제할 수 있어야 한다.

— 요한 볼프강 폰 괴테

어린 시절 나는 서부 텍사스의 애빌린이라는 마을에서 자랐다. 그곳은 노래 가사에도 등장할 만큼 인기 있는 마을이었다. 애빌린Abilene이라는 이름은 아일린Eileen이나 달린Darlene, 혹은 'treat you mean'이나 'I ever seen'과 같은 문구와 어울려 운율을 이뤘다(조지 해밀턴의 노래 〈애빌린〉 가사 구절이다–옮긴이). 우리 마을은 내가 고등학교에 다닐 무렵 마이크로소프트 워드에 그 이름을 입력하면, '애벌론abalone(전복)'이라고 자동 수정될 만큼 작은 곳이기도 했다. 전복은 겉껍데기는 매우 거칠고 딱딱하지만, 속껍데기는 매끄럽고 무지갯빛을 띤다. 마치 누군가 그 작은 생명체를 쫓아내기 위해 휘발유를 부어버린 듯하다.

애빌린에서 고등학교 3학년 시절 나는 미적분학을 공부했는데,

그 수업을 들으려면 그래픽 계산기가 필요했다. 그래픽 계산기는 도트 방식의 스크린이 달린 큰 모델로, 너무 복잡해 머릿속으로 상상하거나 종이에 써서 쉽게 계산하기 어려운 방정식의 형태를 시각적으로 보여준다. 나는 당시 2년 전에 출시된 텍사스 인스트루먼츠의 TI-83을 샀다. 구형 모델로도 충분했지만, TI-83은 어셈블리 프로그래밍 언어를 지원해 그래프 방정식 외에도 다양한 프로그래밍 작업을 할 수 있었다. 그건 계산기가 더 이상 단순한 '계산기'가 아니라는 의미였다. 그 계산기는 본격적인 '범용' 컴퓨터였다.

한 친구가 어디서 테트리스 프로그램을 구해왔다. 나는 곧바로 그 프로그램을 내 계산기에 깔았고, 수업이 지루할 때마다 테트리스 게임을 하며 시간을 때우곤 했다. 머지않아 무의식적으로 계산기를 켜고 게임을 실행하는 지경에 이르렀다. 계산기를 이용하면, 키를 몇 번 두드리는 것만으로 편리하게 게임을 즐길 수 있었다. 테트리스 게임은 내게 미적분에 관한 선생님의 설명보다 훨씬 더 많은 보상을 가져다줬다. 게임을 실행하는 순간, 나는 **즉각적으로** 즐거움을 맛볼 수 있었다.

머지않아 나는 수업에 뒤처지기 시작했다. 테트리스 게임으로 인해 주의가 분산되어 성적이 계속 떨어졌다. 물론 그건 다른 누구의 잘못도 아니었다. 그 프로그램을 계산기에 깐 사람은 나였고, 게임을 실행한 사람도 나였다. 나는 그 문제를 누구에게도 말하고 싶지 않았다. 그처럼 사소한 문제로 어려움을 겪고 있다는 사실이 당혹스럽고 수치스러웠기 때문이다. 나는 이러한 주의 분산으로 인해 문제 해결을 계속 미뤘고, 그 영향은 차츰 누적되기 시작했다. 문제 원인을 알면서도 주시하지 않았고, 대신 즉각적인 보상으로 눈길을 돌렸다. 충동적이고 나약한 내 모습이 싫었지만, 게임을 계속하면서 조만간 문제가 사라질 것으로 기대했다. 그러는 사이 블록은 더 빨리 떨어졌고, 나는 실수를 반복했다. 블록 더미는 계속 높아졌고, 음악도 점점 빨라졌다.

마침내 '게임 오버'의 순간이 다가왔다. 학교에서 인근 지역으로 현장 실습을 떠났는데, 거기서 나는 글짓기 대회에 참가할 예정이었다. 그런데 마지막 순간에 내가 그 대회에 참가할 자격을 잃었다는 소식이 전해졌다. 이유는 내가 마지막 미적분학 시험에서 낙제를 했기 때문이다. 그전까지 나는 한 번도 낙제를 한 적이 없었다.

충동성 훈련 장비

만약 모든 사람을 더 충동적이고 의지박약하게 만들고 싶다면, 어떻게 해야 할까? 한 가지 방법은 요구에 따라 정보적 보상을 무한대로 제공하는 충동성 훈련 장비를 개발하는 것이다. 이를 '아이트레이너iTrainer'라고 부르자. 사람들이 아이트레이너를 어디든 휴대할 수 있도록 하려면, 이를 주머니나 지갑에 쏙 들어갈 만큼 작게 만들어야 할 것이다.

아이트레이너가 사람들의 주의적 세상으로 흘려보내는 정보적 보상의 내용물은 모든 것이 될 수 있다. 가령 귀여운 고양이 사진에서부터 사람들을 화나게 하는 뉴스거리(결국 분노도 보상이 된다)까지 그러한 보상의 내용물이 될 수 있다. 효과를 극대화하기 위해 아이트레이너에 풍부한 지능과 자동화 시스템을 탑재해 사용자의 행동과 상황, 그리고 개인적 특성에 따라 맞춤화된 보상을 제공함으로써 사람들이 그 기기와 더불어 더 많은 시간을 보내고, 더 많은 주의를 쏟게 만들 수도 있다.

당신이 아이트레이너를 개발해 이를 사회 전반에 보급한다고 상상해보자. 처음에 사람들은 강하고 탄력적인 의지력을 갖고 있을 것이다. 아이트레이너는 적어도 충분히 많은 사람이 받아들여 널리 퍼질 때까지 다소 어색한 사회적 상황을 연출할 것이다. 그러나 충분히 많은 사람이 오랫동안 사용한다면, 그 기기는 매우 원활하게 작동하게 될 것이다. 이제부터 아이트레이너는 사람들의 삶을 더 힘들게 만들 수 있다. 사람들이 원하는 과제와 목표를 추구하는 데 방해가 될 것은 당연지사다. 기기를 개발한 당신조차도 자녀가 그것을 사용하는 행위를 허락하지 않을 것이다. 그렇더라도 애초에 기기를 개발한 목적에 비춰볼 때, 즉 세상을 더 충동적이고 의지박약하게 만들고 싶다는 목적을 고려할 때, 이는 놀라운 성공이라 할 수 있다.

다음으로 이러한 상황을 더 극단적으로 만들고 싶다면? 모든 사람이 **더** 산만하고, 분노하고, 냉소적이고, 그리고 무엇을, 어떻게 생각해야 하는지 혼란스럽게 하고 싶다면? 더 나아가 모두의 생각에 부정적인 영향을 미치고 싶다면? 당신은 이러한 보상을 생산하거나 전달함으로써 수익을 올릴 수 있는 일련의 경제적 동기가 되는 시스템을 개발할 것이다. 게다가 가능하다면, 이러한 시스템을 그렇게 하는 것에 대한 **유일한** 동기로 만들고자 할 것이다. 당신은 다만 보상이 전달되기만을 바라지 않는다. 당신이 바라는 것은 사람들이 충동적 자아에 말을 거는 보상, 즉 그들의 뇌 속에 존재하는 정확한 버튼을 가장 잘 누르는 보상을 받는 일이다. 이에 더해 당신은 이 설계의 소유권을 최대한 중앙 집중화할 수도 있다.

만약 당신이 십 년 전에 이 모든 일을 했다면, 지금쯤 대단히 흥미로운 상황을 목격하고 있을 것이다. 열에 아홉이 아이트레이너 없이는 집을 나서지 않을 것이다.[1] 사용자 절반은 그 기기 없이는 살 수 없다고 말할 것이다.[2] 사람들은 정치에서부터 교육, 유명인 가십거리 등에 이르기까지 삶의 모든 영역에 걸쳐 그들이 소비하는 대부분 정보를 얻기 위해 그 기기를 사용할 것이다. 그들은 아이트레이너를 하루에도 수백 번 사용하고, 깨어있는 시간의 3분의 1을 그 기기와 함께 보낼 것이다. 그 기기는 이제 사람들이 매일 아침 깨어나 가장 먼저 손에 쥐고, 자기 전까지 놓지 않는 물건이 될 것이다.[3]

사회를 더 충동적이고 의지박약하게 만들고 싶다면, 이보다 훨씬 더 나쁜 일을 해야 할 것이다. 어쨌든 아이트레이너를 세상에 내놓고 나서 그것이 사용자의 생각과 행동, 그리고 습관에 중대한 변화를 일으키지 않았다고 주장하는 것은 터무니없는 일이다. 결국 모든 것은 수년에 걸쳐 엄격한 충동성 훈련 프로그램의 일부가 되었다! 게다가 이 프로그램은 다른 많은 사회 시스템도 효과적으로 장악했을 것이다. 이는 개인의 주의적 능력에 도달하는 문을 열 것이며, 사회가 세상을 바라보는 렌즈가 될 것이다. 물론 이 프로젝트가 개인으로서뿐 아니라 사회 전체로서 사람들의 삶에 어떠한 영향을 미쳤는지에 대한 완전한 이야기를 이해하는 것은 중요한 과제가 된다. 이는 우리가 대단히 중요한 질문을 집단 차원에서 논의하고 결정하는 방식에 큰 영향을 미칠 것이다. 그리고 분명하게도 과거의 매체들이 그랬듯이, 이미지 형태로 만들어진 정치 후보를 내놓을 것이다.

물론 아이트레이너 프로젝트는 전 세계 어디서도 연구 윤리 기준을 통과하지 못할 것이다. 그러한 사회 재편 프로젝트를 시작하고, 이를 아무런 검토 없이 추진하는 것은 분명 부조리한 일이다. 그렇기에 이 프로젝트는 사고실험 정도로 그치는 것이 좋다.

자기통제

개인적, 집단적 차원에서 우리가 주의의 시대에 직면하는 새로운 도전 과제는 자기통제다. 제한은 인간의 삶에서 불가피한 요소다. 사실 우리가 자유를 누리고자 한다면, 제한은 필수적이다. 프랑크푸르트는 이렇게 말한다. "경계가 없는 것은 형태도 없다."[4] 이유와 관계, 경주 트랙, 게임 규칙, 선글라스, 건물 벽, 페이지 라인 등 우리 삶은 유용한 제한으로 가득하다. 그것에 자발적으로 복종함으로써 우리는 그렇지 않았다면 얻을 수 없는 목적을 달성할 수 있다. 장 자크 루소는 자신의 책 『사회계약론』에서 이렇게 말한다. "욕망에 따라서만 움직이는 것은 노예다. 반면 스스로에게 부여한 규칙에 복종하는 것은 자유다." 제약 없는 삶을 살았고, 그러한 삶을 사랑했던 우리의 오랜 친구 디오게네스조차 이렇게 말한다. "삶을 살아가기 위해서는 정당한 근거, 혹은 구속이 필요하다."[5]

자신의 행동이 더 높은 목적을 향하도록 만드는 규제를 스스로에게 적용할 때(일부는 이러한 규제를 '행동 장치commitment device'라고 부른다), 우리는 그렇지 않았다면 도달하지 못했을 높이에 도달할 수 있다. 가령 선원들에게 자신을 돛대에 묶고 그들의 귀를 밀랍으로 봉인하라고 지시하지 않았더라면, 오디세우스는 사이렌의 노래를 영영 듣지 못했을 것이고 거기서 살아남아 이야기를 들려주지도 못했을 것이다.

역사의 대부분 기간에 인간은 태어나면서 이미 만들어진 기존의 종교적, 문화적 제약의 꾸러미를 물려받았다. 그 꾸러미는 일종의 제한 목록이 수록된 도서관으로써 우리의 사회적, 물리적 환경에 깊이 스며들어 있다. 이러한 제한은 우리를 대신해 특정한 자기규제적 과제를 수행하기에 우리는 그 과제를 스스로 수행할 필요가 없다. 제약 꾸러미 속에는 습관과 관습, 의식, 사회적 전통,

도덕률, 그리고 천년까지는 아니라고 해도 수 세기에 걸쳐 진화해 온 다양한 제한이 담겨 있다. 이러한 제한은 우리 삶을 특정한 가치 방향으로 안내하며(혹은 그렇게 하도록 설계되었으며), 우리가 가장 중요한 것에 주의를 기울이도록 유도한다.

20세기 서구에서 세속주의와 모더니즘이 발달하면서, 개인의 자유를 위해 기존 제약 꾸러미의 많은 부분이 (완전히 파괴된 것은 아니라고 해도) 붕괴되었다. 많은 경우 이러한 붕괴는 오래된 제약 꾸러미와의 철학적, 혹은 세계관적 불일치에서 비롯되었다. 물론 여기에는 훌륭한 장점도 많았다. 하지만 제약 꾸러미 전체를 거부함으로써 우리는 우리의 목적에 실제로 도움을 줬던 제약도 거부하고 말았다. 이와 관련해 철학자 매튜 크로퍼드Matthew Crawford는 이렇게 말한다. "해방이라 하는 좌파 프로젝트는 우리가 개인의 삶에 어떤 일관성을 부여했던 (더 좋든 나쁘든) 문화적 장치라는 유산을 해체하도록 만들었다. "이는 '선택 설계자choice architect'가 심혈을 기울여 만든(일반적으로 이익의 가능성을 확인했기 때문에) 장치들이 들어선 주의적 지평으로 가득했던 문화적 권위에 진공상태를 초래하고 말았다." 철학자 페터 슬로터다이크Peter Sloterdijk는 자신의 책 『너는 너의 삶을 바꿔야 한다』에서 종교의 이러한 특정한 측면(그 습관과 관습)의 회복을 역설한다. 그는 이를 '인류공학anthropotechnics'이라 부른다.[6]

자신을 둘러싼 환경에서 기존 경계를 허물어뜨릴 때 우리는 제한으로부터 해방된다. 하지만 이는 우리가 (예전에는 그럴 필요 없었던) **자신만의** 경계를 구축하도록 요구한다. 이러한 추가적인 자기통제 과제의 수행은 때로 전적으로 그럴 만한 가치가 있다. 하지만 다른 때에는 그 비용이 지나치게 높게 느껴진다. 소위 '자아고갈egodepletion' 가설에 따를 때 우리의 자기통제와 의지력은 제한된 자원이다.[7] 그렇기에 자신만의 경계를 구축하는 자기통제 비용이 대단히 높게 되면, 우리는 다른 과제에 활용할 수 있었던 의지력을 모두 빼앗기게 된다.

이러한 자기통제 부담의 증가는 빈곤하게 살아가는 이들에게 고유한 도전 과제를 부여한다. 연구 결과가 보여주듯이, 가난한 이들은 다른 모두에 비해 의지력이 고갈된 단계에서 시작할 가능성이 더 크다. 그 이유는 그들은 전반적으로 빈곤하게 살지 않는 이들이 내릴 필요가 없는 의사결정이나 교환을 일상적으로 해야 하기 때문이다.[8] 디오게네스는 '장애'가 '가난'을 의미하는 것이라 말했다. 빈곤한 삶은 더 쉽게 의지력 고갈을 초래할 수 있다는 점에서 디오게네스는 그가 생각했던 것보다 더 옳았다.[9] 여기서 더 광범위한 의미는 정보의 풍요에 직면해 이러한 자기통제의 문제가 단지 선진국만의 문제가 아니라는 사실이다. 이러한 문제는 정의와 평등이라는 사회적 목표와 관련해 중요한 의미를 지닌다. 최초의 '디지털 격차'가 정보에 접근하지 못하는 이들의 권리를 박탈했다면, 오늘날의 '디지털 격차'는 주의를 집중하지 못하는 이들의 권리를 박탈한다.[10]

이는 예전에는 하지 않았지만 이제 스스로 경계를 구축해야 함에 따른, 그리고 디지털 기술이 자기통제라는 새로운 도전 과제를 부여함에 따른 문화적 후퇴다. 사고실험 속 아이트레이너와 마찬가지로 디지털 기술은 우리가 경험하는 세상을 영원히 끝나지 않을 잠재적인 정보적 보상의 흐름으로 변형시키고 있다. 기술 세상은 이제 모든 것이 우리의 주의를 놓고 경쟁을 벌이는 경기장이 되었다. 경제적 풍요와 마찬가지로 "이러한 보상이 신중함의 원칙이 자리 잡는 것보다 더 빨리 주어진다면, 자기통제는 풍요와 더불어 **위축**될 것이다. 즉 풍요로운 자들은 (다른 모두와 함께) 덜 신중하게 될 것이다."[11]

어떤 측면에서 정보의 풍요는 '정보 기술'이 하는 일에 대한 이해를 뒤집으라고 말한다. 정보 기술은 이제 세상에 존재하는 장벽을 허무는 것이 아니라 점차 그 장벽을 구축하도록 돕기 위해 존재한다. 헤드폰 제조회사 보스는 히어폰Hearphone이라는 상품을 출시했다. 히어폰은 사용자가 원하는 원천으로부터 들려오는 소리를 제외하고 주변의 모든 소리를 차단해준다. 예를 들어 시끄러운 방 안에서 대화에만 집중할 수 있도록 해준다. 이 상품을 소개하는 웹사이트에는 이렇게 적혀 있다. "듣고자 하는 목소리에만 집중하세요. 그리고 원치 않는 소음을 걸러내세요. 당신은 이제 편안하게 모든 이야기를 들을 수 있습니다. 어떻게 들을 것인가는 전적으로 당신에게 달려 있습니다."[12] 우리는 이 문구를 전체로서 주의 시대의 새로운 도전 과제에 대한 적절한 설명으로 이해할 수 있다.

기술의 변화 속도가 점점 빨라지면서 주의와 자기통제라는 도전 과제의 중요성은 더 커지고 있다. 역사적으로 사람들이 새로운 매체를 수용하고, 분석하고, 적용하기까지는 몇 세대까지는 아니더라도 오랜 세월이 걸렸다. 하지만 오늘날 신기술은 그 모습을 드러내자마자 몇 달, 혹은 불과 며칠 만에 수백만 명의 사용자에게 급속하게 확산된다. 기술이 해방시킨 끊임없는 신상품 흐름은 (기존 상품에 내재된 특성의 지속적인 최적화와 더불어) 사용자가 끊임없이 새로운 형태의 관계 시스템을 학습하고 여기에 적응하기 위해 노력하도록 요구한다. 이러한 시스템은 사용자가 가진 기술을 사용할 수 있을 만큼 충분히 익숙하지만, 기술이 예기치 못하거나 원치 않는 방식으로 작용하는 것을 방지할 수 있을 정도로 완전히 제어되지는 않는다. 이로 인해 우리는 내가 종종 '무능의 쳇바퀴 treadmill of incompetence'라고 부르는 굴레 속에서 살아가게 된다.

헉슬리는 「진보에 대한 고찰Reflections on Progress」이라는 글에서 이렇게 말한다. "표면적인 의지가 아무리 강력하고 잘 단련되었다고 해도 환경의 적수는 못 된다."[13] 실제로 지난 수십 년 동안 심리학 연구가 우리에게 가져다준 소중한 교훈 중 한 가지는, 환경이 우리의 생각과 행동을 형성하는 과정에 강력한 영향을 미친다는 사실이다. 어떠한 측면에서 이러한 변화는 개인의 감정 변화처럼 일시적일 수 있다. 이에 대해 전기공학자 니콜라 테슬라Nikola Tesla는 이렇게 말한다. "그게 단지 구름이 햇빛을 가리면서 일어났다는 사실을 눈치챘을 때 우리는 갑작스럽게 슬픔의 파도가 밀려오는 것을 느낄 수 있었고, 머리를 쥐어짜서 설명하고자 했다."[14]

하지만 우리가 얼마나 자율적일 수 있는지(혹은 비자율적일 수 있는지)와는 상관없이, 환경은 우리의 근본적인 역량에 장기적인 영향을 미친다. 철학자 닐 레비Neil Levy는 자신의 책 『신경윤리학이란 무엇인가』에서 이렇게 말한다. "자율성은 **발달적인** 측면에서 환경에 의존한다. 우리가 자라난 환경이 자기통제에 보상을 주도록 적절하게 구축되어 있어야 우리는 자율적인 존재가 되고, 자신의 가치를 추구하면서 스스로 행동을 통제할 수 있다."[15]

자기통제에 보상을 주거나 실질적인 행동 장치를 제공하는 환경에서 살아가지 않을 때, 우리는 오로지 **자신의** 장치에만 의존해야 한다. 우리의 내재적인 주의 결핍을 감안할 때, 그에 따른 인지부하는 우리 자신의 경계를 구축하는 과제를 완전히 방해하지는 않는다 해도 종종 극단적으로 힘들게 만든다. 올바른 방식으로 우리 삶을 제한하는 일은 이미 충분히 힘들지만, 주의 시대를 살아가는 우리는 훨씬 더 강력한 역풍을 맞게 된다. 물론 디지털 기술은 우리가 특히 이러한 새로운 도전 과제에 대처하도록 도움을 줄 수 있다. 기술이 우리 삶에서 문제를 해결하기 위해 존재한다면, 우리가 이러한 도전 과제를 극복하도록 도움을 줘야 할 것이다.

안타깝게도 기술은 자기통제라는 도전 과제를 완화하도록 도움을 주기는커녕 문제를 더 심각하게 만들고 있다. 우리가 삶에서 테트리스 블록을 더 효과적으로 쌓아 없애도록 돕는 것이 아니라, 우리가 상상하는 것보다 더 빠른 속도로 블록이 떨어지도록 유도한다.

5

마음의 왕국

미래의 왕국은 마음의 왕국이다.

— 윈스턴 처칠

한 남자가 거리를 걸어간다. 그는 추위를 막기 위해 외투를 걸쳤다. 그를 발견한 북풍이 태양에게 이렇게 말한다. "우리 중 누가 그의 외투를 벗길 수 있을까? 나는 내가 이길 거라 확신해. 어떤 인간도 나의 강력한 입김을 버틸 순 없지!" 태양은 내기에 동의했다. 북풍이 먼저 있는 힘껏 남자를 향해 바람을 불었다. 남자의 모자가 날아갔고, 나뭇잎이 소용돌이를 일으켰다. 그는 거센 바람에 한 걸음도 떼지 못했다. 하지만 외투는 꼭 감싸쥐었다. 북풍이 아무리 세게 입김을 불어도 남자의 외투는 벗겨지지 않았다. "뭐야? 실패했군!" 북풍은 태양에게 말했다. "내가 실패를 했으니 네게도 희망은 없어." 그러자 태양이 말했다. "한번 보자고." 태양은 가슴을 한껏 부풀려 자신의 몸을 최대한 뜨겁게 만들었다. 계속 걷고 있던 남자는 햇빛이 너무 강해 눈을 가려야 했다. 얼마 지나지 않아 너무 더워 현기증이 났다. 남자는 비틀거리기 시작했고, 이마에서는 땀이 흘렀다. 결국 깊은숨을 내쉬더니 외투를 벗어 어깨에 걸쳤다. 그러고는 더위를 식혀줄 물을 찾아 주변을 살피기 시작했다. 태양의 설득이 북풍의 강압을 이긴 것이다.

이는 이솝 우화에 나오는 이야기다. 그리스 우화 작가 이솝은 코린트 거리를 돌아다닌 디오게네스보다 몇백 년 앞서 살았던 인물이다. 이솝은 디오게네스와 마찬가지로 노예의 삶을 살다가 자유인이 되었다. 그리고 델포이에서 죽었다. 그곳에는 유명한 사제가 사는 신전이 있었는데, 거기에 "너 자신을 알라"라는 유명한 격언이 새겨 있었다. 당신은 「토끼와 거북이」「개미와 베짱이」「개와 그림자」와 같은 이솝의 다른 이야기도 알고 있을 것이다. 그중에서도 나는 「북풍과 태양」을 가장 좋아한다. 그 이유는 설득이 강압만큼 강력한 힘을 발휘할 수 있음을 보여주기 때문이다.[1]

인간이 상호 영향을 주고받는 모든 방법 가운데 설득은 가장 효과적이고 중요한 수단이다. 남녀의 청혼이나 자동차 딜러의 구매 유도, 그리스도의 전도, 정치인의 연설, 그리고 이 책을 떠올려보자. 우리 삶에 대한 이야기와 삶에 의미를 부여하는 이야기를 생각할 때, 우리는 이들 이야기가 종종 설득이라는 중요한 지점에 주목한다는 사실을 발견하게 된다. 설득은 고대 그리스 이후 **수사학***rhetorike techne*, 혹은 웅변가의 기술로 인식되었다. 아리스토텔레스는 설득의 세 가지 요소로 에토스ethos와 파토스pathos, 그리고 로고스logos를 꼽았다. 이는 대략 기질과 정서, 논리의 개념에 해당한다. 이후 중세 시대로 접어들면서, 설득은 문법과 논리와 더불어 세 가지 고전 과목 중 하나로서 교육에서 중심적인 자리를 차지했다.

그러나 넓은 의미에서 **모든** 기술 설계는 '설득적'이다. 모든 설계는 생각이나 행동을 이러저러한 방향으로 나아가게 만든다.[2] '중립적인' 기술이란 없다. 모든 설계는 특정한 목표와 가치를 드러내며 특정한 방식으로 세상을 만들어간다. 정부가 중립적일 수 없는 것처럼 기술 역시 중립적일 수 없다. 사실 '사이버네틱스cybernetics'에서 '*cyber-*'와 '정부government'에서 '*gover-*'는 모두 동일한 그리스 어원인 '*kyber-*'에서 왔다. 이는 '나아가게 하다' 혹은 '안내하다'라는 의미로서 원래 항해와 관련해 사용되었다. (이러한 항해 은유는 내가 의미하는 바를 정확하게 보여준다. '중립적' 방향키란 사실 모순적인 개념이다. 물론 방향키를 똑바로 잡는 것이 항로를 유지하는 데 도움이 될 수는 있지만, 배를 **어딘가**로 안내하지는 않는다. 기술 역시 마찬가지다.)

그러나 일부 설계는 좁은 의미에서 이보다 더 '설득적'이다. 일부 설계는 설계자가 변경하기를 원하는, 사용자의 생각이나 행동의 구체적인 표출과 직접적으로 이어지는 형태를 취한다. 이러한 유형의 설득적 설계는 디지털 기술에 국한되지 않는다. 인류는 그러한 설득적 목적을 위해 오랫동안 물리적 환경을 설계해왔다. 예를 들어 쇼핑몰의 에스컬레이터, 식료품점의 음악, 혹은 도시의 배치를 생각해보자.[3] 윈스턴 처칠이 물리적 건축에 대해 한 말("인간은 건물을 짓고, 건물은 인간을 짓는다")은 우리가 삶의 많은 시간을 보내는 정보 아키텍처에도 고스란히 적용된다.[4]

인류 역사에서 대부분 기간에 이러한 좁은 의미에서 설득적 설계는 인간이 직접 손으로 만들어낸 것이었다. 이는 과학보다 예술로서의 특성을 더 많이 갖고 있다. 이런 이유로 우리는 그것이 우리에게 미치는 힘에 대해 크게 염려하지 않았다. 대신 우리는 설득적 설계의 반대인 '강압적' 설계에 더 주목했다. 포스트먼이 지적했듯이, 우리는 자유에 대한 헉슬리적 위협보다 오웰적 위협에 더욱 익숙하다.

그런데 이제 바람의 방향이 바뀌었다. 우리가 방심하는 사이 설득은 산업화를 했다. 20세기 현대 광고 산업은 성숙했고, 인간의 심리와 의사결정에 관한 새로운 지식을 체계적으로 적용하고 있다. 광고의 범위 역시 단순한 정보의 영역을 넘어 행동과 태도의 형성을 포괄하는 방향으로 확장했다. 20세기 말, 새로운 형태의 전자 매체는 광고주에게 설득을 위한 새로운 플랫폼과 전략을 가져다줬다. 하지만 그러한 시도에 따른 실질적인 효과는 여전히 측정하기 힘들었다. 다음으로 인터넷이 등장하면서 측정의 피드백 고리가 완성되었다. 분석과 실험, 메시지 전달, 맞춤화, 그리고 자동화의 전례 없는 인프라가 아주 빠르게 등장하면서 디지털 광고가 가능하게 되었다.

더 나아가 네트워크로 연결된 범용 컴퓨터의 휴대성과 연결성이 높아지고 있다. 사람들은 이러한 장비와 그 어느 때보다 더 많은 시간을 보내고 있다. 설계자들은 디지털 광고를 위해 개발된 기술과 인프라를 플랫폼과 서비스에 적용함으로써 설득 목표를 향해 나아가고 있다. 디지털 광고의 확장성과 높아지는 수익성은 이를 기본적인 비즈니스 모델로, 그리고 디지털 플랫폼과 서비스를 위한 인센티브 시스템으로 만들었다. 그 결과 광고 목적에 기여하는 목표와 기준은 디지털 서비스 자체의 설계에서 지배적인 목표와 기준이 되었다. 이러한 기준은 전반적으로 사용자의 시간과 주의의 양을 최대한 많이 포착하는 것과 관련 있다. 우리의 주의를 놓고 벌이는 치열한 글로벌 경쟁에서 승리하기 위해 설계는 우리의 가장 저차원적인 부분에 호소하고, 인지적 취약성을 이용하도록 압박을 받고 있다.

바로 그렇게 21세기가 시작되었다. 우리 삶에서 가장 하찮은 목표를 달성하기 위해 정교한 기술과 동맹을 맺은 정교한 설득과 더불어 시작되었다. 바둑에서 세계 챔피언을 물리치고, 내가 유튜브를 더 오랫동안 시청하도록 붙잡아두기 위해 영상을 추천하는 시스템을 뒷받침하는 인공지능AI과 더불어 시작되었다.[5]

오늘날 산업화된 설득의 힘이 장악하는 마음에 대한 이 같은 독점 현상을 설명하는 데 적절한 비유는 없다. 특히 수십억 인구의 마음이라는 거대한 규모를 고려한다면 말이다. 아마도 어디든 성경을 들고 다니는 성실한 기독교 신자나, 그리스 구전 속 호메로스 서사시를 모두 암기하거나 하루 종일 불교 경전을 낮은 목소리로 낭송하는 사람이나, 혹은 전체주의 국가의 선전 기계 정도가 될 것이다. 그러나 우리는 조금이나마 더 적절한 비유를 발견하기 위해 종교를 믿는 사람, 신화에 몰두하는 사람, 그리고 전체주의자를 들여다봐야 한다. 우리는 천성적으로, 혹은 습관적으로 우리의 주의와 행동, 그리고 삶을 깊숙이 형성하는 이러한 새로운 설득의 힘을 인식할(이에 맞서는 것은 물론) 준비가 되어 있지 않다.

이 문제는 규모는 물론이거니와 그 유형에서 생소하다. **현재**의 왕국은 바로 마음의 왕국이다.

규칙이 되어버린 예외

1994년 10월 26일, 28.8킬로비피에스 모뎀을 켜고 새로 출시된 넷스케이프 내비게이터 웹브라우저 아이콘을 더블 클릭해 정보기술 잡지《와이어드*Wired*》웹사이트에 접속했다면, 페이지 맨 위에서 직사각형 모양을 봤을 것이다. 검은 배경 속에 색깔이 들어간 글자로 새겨진 메시지는 이러한 질문을 던졌다. "여기서 마우스 오른쪽 버튼을 클릭한 적이 있습니까? 여러분은 하게 될 겁니다."[6] 예측, 혹은 명령으로서 의도한 것이든 그렇지 않은 것이든 최초의 인터넷 배너 광고인 이 메시지는 그것을 만든 사람이 상상할 수 있었던 것보다 훨씬 정확했다.

디지털 광고 시장 규모는 2017년 2천230억 달러를 넘어섰고, 2020년까지 두 자릿수 성장률로 증가할 것으로 전망되었다.[7] 오늘날 디지털 광고는 인터넷상에서 정보를 가지고 돈을 벌기 위한 지배적인 비즈니스 모델이다. 구글과 페이스북, 트위터처럼 많은 이들이 사용하는 플랫폼은 핵심적인 광고 회사들이다. 세계 최고 소프트웨어 엔지니어와 설계자, 분석가, 통계학자 중 많은 이들이 오늘날 사람들의 생각과 행동을 그들의 목표와는 무관한, 미리 정의된 목표를 향해 나아가도록 만드는 방법을 찾아내기 위해 막대한 시간을 투자하고 있다. 페이스북 데이터팀을 이끈 제프 해머바커Jeff Hammerbacher는 이에 대해 이렇게 설명한다. "우리 시대 최고 인재들이 어떻게 하면 사람들이 광고를 클릭하도록 만들 것인지 고민하고 있다. … 이건 말도 안 되는 상황이다."[8]

역사적으로 광고는 특정한 매체 속에서 정보 전달 **규칙에 대한 예외**였다. 그건 기사가 아니라 신문 광고였다. 도로 표지판이 아니라 광고판이었다. 프로그램이 아니라 TV 광고였다. 정보 결핍의 세상에서 이러한 예외를 규칙으로 만드는 것은 의미 있는 시도였다. 이들 광고는 우리가 더 나은 구매 의사결정을 내리도록 돕는 새로운 정보를 제공하기 때문이었다. 더 광범위하게 말하면, 이는 정보 결핍의 세상에서 광고의 존재를 정당화하는 근거였다.

20세기 중반 현대 광고 산업이 성숙해가면서, 점차 인간 심리와 의사결정에 관한 새로운 지식을 체계적으로 적용하기 시작했다. 지그문트 프로이트와 같은 심리학자들은 인간의 무의식적 사고를 연구하기 위한 학문적 기반을 마련했고, 대니얼 카너먼Daniel Kahneman과 아모스 트버스키Amos Tversky는 1970년대에 자동적인 사고 모드가 통계적 예측이라 하는 의식적인 사고 모드를 어떻게 압도하는지 보여줬다.[9] 실제로 우리의 많은 일상 경험은 그러한 자동적이고 무의식적 과정으로 이뤄진다. 사회심리학자 존 바그John Bargh와 타니아 차트랜드Tanya Chartrand의 표현을 빌자면, 우리 삶은 '존재의 참을 수 없는 자동성'[10]을 바탕으로 이뤄진다. 인간 심리와 의사결정에 관한 이러한 모든 새로운 지식을 바탕으로 광고의 범위는 정보에서 설득으로, 행동 형성에서 태도 형성으로 확대되었다.[11] 새로운 형태의 전자 매체는 설득을 위한 새로운 공간을 제공했다.

그러나 광고는 대부분 막연한 기대에 기반을 두고 있었다. 포괄적이고 신뢰할 만한 측정 인프라가 없는 상태에서 광고 시도 효과를 연구하는 것은, 혹은 광고를 기반으로 얼마나 개선되었는지 파악하는 것은 불가능했다. 미국 워너메이커백화점 창업자 존 워너메이커John Wanamaker는 20세기 초 이렇게 말했다. "내가 광고에 쏟아부은 돈의 절반은 그냥 사라진다. 문제는 어떤 절반이 사라졌는지 알 수 없다는 사실이다."[12]

1960년대에 들어서면서 사람들은 광고 효과의 측정 방식을 혁신하는 컴퓨팅 기술의 잠재력에 주목하기 시작했다. 당시 광고대행사들은 거대한 메인프레임 컴퓨터를 가지고 실험을 시작했다. 닐슨 같은 미디어 정보 분석 회사는 다이어리 패널조사법(선별된 응답자에게 특정 기간 자신의 경험이나 관찰 내용을 기록하도록 요구하는 질적 조사법으로서 주로 미디어와 광고 분석에서 사용된다 – 옮긴이)을 활용해 대중의 소비 행동을 이해하기 시작했다. 이는 인구 통계 데이터에 대한 접근을 허용함으로써 광고 지능intelligence을 개선하는 데 기여했다. 그러나 이러한 방법은 번거롭고 많은 비용이 들며, 전체 데이터는 전반적인 흐름을 파악하는 데만 의미가 있을 뿐이었다. 광고의 실질적인 효과를 측정하는 것은 여전히 불가능의 영역으로 남아있었다.

이러한 상황에서 인터넷은 모든 것을 바꿔놨다. 디지털 기술은 광고 측정 분야에서 캄브리아기 대폭발을 일으켰다. 오늘날 개별 사용자 차원에서 사람들의 행동(가령 사용자가 웹페이지를 열어본 횟수를 의미하는 페이지뷰page view)과 의도(검색어), 환경(지역), 관심(사용자의 브라우징 활동으로부터 유추), 고유한 식별자(로그인한 사용자의 장치 아이디나 이메일) 등을 측정하는 일이 가능하다. 또한 컴스코어ComScore와 히트와이즈Hitwise 같은 시장 정보 서비스 회사는 획기적으로 개선된 '벤치마킹' 데이터(경쟁자의 광고 시도에 관한 정보)를 제공하고 있다. 웹브라우저는 새로운 기술적 행동유도성affordance(개별 사용자가 특정한 행동을 하도록 유도하는 기능 - 옮긴이)뿐 아니라, 이후 다양한 환경에서 등장하게 될 측정 기술에 대한 선례를 보여줬다는 점에서 광고 측정에서 엄청난 변화를 꾀하는 핵심 요인으로 기능했다.

특히 브라우저 '쿠키'(웹사이트 코드를 통해 사용자가 인식하지 못하는 사이 전달되는 작은 파일로서 페이지에 걸친 사용자 행동을 추적하는 기능을 한다)가 핵심 역할을 했다. 펜실베이니아대학 교수 조지프 터로Joseph Turow는 자신의 책 『더 데일리 유*The Daily You*』에서 쿠키가 "브라우저 그 자체에서 비롯된 어떤 다른 발명품보다 웹사이트상에서 광고(그리고 사회적 주의)를 형성하는 과정에서 더 많은 일을 했다"라고 말한다.[13] 쿠키는 전체 디지털 광고의 측정 범위 확대에서 상징적 존재이기도 하다.

처음에 쿠키는 유통 웹사이트상에서 '장바구니' 기능을 수행하기 위해 개발되었다. 쿠키를 통해 웹사이트는 이 페이지에서 저 페이지로 넘어가는 과정에서 사용자를 지속적으로 추적할 수 있었다. 머지않아 쿠키는 사이트 사이, 그리고 실제로 모든 웹에 걸쳐 이동하는 사람들을 추적하는 기능을 수행했다. 많은 단체가 이미 이러한 쿠키의 추적 범위 확장에 대해 프라이버시 우려를 제기했으며, 곧이어 사람들은 두 가지 주요 유형의 쿠키를 이야기하기 시작했다. 그 둘은 '퍼스트파티first-party' 쿠키(해당 웹사이트가 자체적으로 만들어낸 쿠키)와 '서드파티third-party' 쿠키(다른 누군가가 만들어낸 쿠키)를 말한다. 국제인터넷표준화기구Internet Engineering Task Force는 1997년 서드파티 쿠키를 제거하는 방안을 제시했는데, 이는 온라인 광고 산업을 분노하게 만들었다.[14]

결론부터 말하자면, 서드파티 쿠키는 이제 일반적인 것이 되었다. 쿠키는 웹브라우저 차원에서 고유한 식별자로서 장치와 사용자 같은 더 고차원의 고유한 식별자를 향한 길을 닦았다. 예를 들어 2014년 이후 구글의 광고 플랫폼은 사용자가 어떤 기업의 광고를 보고 난 이후 개인적으로 그 기업 매장을 방문했는지를 추적할 수 있게 되었다.[15]

이 같은 광고 측정의 거센 흐름을 관리하기 위해 옴니추어Omniture

와 코어메트릭스Coremetrics, 구글 어낼리틱스Google Analytics 같은 '분석' 시스템이 등장해 비광고성 데이터는 물론, 기업 광고 관리를 위한 통합 인터페이스로 기능하기 시작했다. 그 과정에서 이들 시스템은 웹사이트 자체를 위한 기본적인 운영 기준으로 광고의 '참여' 기준(예를 들어 클릭 수, 노출 횟수, 혹은 사이트에서 보내는 시간)을 확립하는 데 기여했다. 이는 실질적으로 광고, 특히 주의 중심적 광고(사용자 의도에 주목하는 광고와는 반대로)의 설계 논리를 전체 사용자 경험의 설계로 넓혀 놓았다.

과거 매체에서 광고는 정보 전달이라는 규칙에 대한 **예외**에 불과했다. 그러나 디지털 매체에서 광고는 일부 핵심 경계를 파괴한 것으로 보인다. 오늘날 광고는 예외가 아닌 **규칙**이 되었다. 예전 매체에서 광고가 지배적인 설계 목적을 '지원'했다면, 디지털 미디어에서 광고는 그 목적을 '주도'하는 것으로 보인다. '네이티브 광고native advertisement'(나머지 콘텐츠와 비슷한 인상과 느낌을 주는 광고)나 간접 광고product placement(가령 유튜브나 인스타그램 '인플루언서'에게 돈을 지불하고 상품을 사용하도록 하는 광고)가 등장하면서, 광고와 비광고 사이 경계가 단지 흐려진 데서 그치지 않고 **모든 것**이 광고가 되어버린 느낌이다.

디지털 주의력 경제

이러한 흐름들이 하나로 결합하면서 디지털 '주의력 경제attention

economy'가 등장했다. 디지털 주의력 경제란 디지털 상품과 서비스가 우리의 주의를 포착하고 이용하기 위해 끊임없이 경쟁을 벌이는 환경을 말한다. 이러한 주의력 경제 속에서 승리란 더 많은 사람이 기업의 상품이나 서비스에 더 많은 시간과 주의를 쏟아붓도록 만든다는 뜻이다. 흔히 말하듯이, 주의력 경제에서는 '사용자가 곧 상품이다.'

한번 생각해보자. 당신은 지금 이 책을 읽기 위해 주의를 쏟아붓고 있다(내가 감사해야 할 점이다). 이러한 주의에는 안구의 움직임, 실행 통제 기능의 정보 흐름, 일상적인 의지력, 그리고 이 책이 성취에 도움을 줄 거라고 소망하는 목표가 포함되어 있다. 우리가 삶을 헤쳐 나가기 위해 사용하는 이러저러한 절차는 **말 그대로** 일상적으로 사용하는 많은 기술 사이 경쟁의 대상이다. 우리가 어떻게 이것이 아니라 저것을 바라보도록 만드는지, 이것이 아니라 저것을 사도록 만드는지, 그리고 이것이 아니라 저것에 관심을 기울이도록 만드는지 알아내기 위해 기업들은 **말 그대로** 수십억 달러를 쏟아붓고 있다. 이는 **말 그대로** 우리가 일상적으로 삶을 헤쳐 나가기 위해 신뢰하는 많은 기술의 설계 목적이다.

우리의 주의를 둘러싸고 치열한 경쟁이 벌어지고 있기에, 설계자들은 필연적으로 우리의 가장 저차원적인 부분을 공략해야 한다. 그들은 우리의 의지보다 충동에 더 주목한다. 심리학자와 행동경제학자가 지난 몇십 년에 걸쳐 성실하게 분석해온 다양한 의사결정 편향을 이용한다. 이러한 편향에는 손실 회피(종종 FOMOfear of missing out이라는 약자로 언급되는 포모 증후군), 사회적 비교, 현상 유지 편향, 프레이밍 효과, 앵커링 효과 등 수많은 유형이 있다.[16] 전 구글 디자인 윤리학자이자 내 친구인 트리스탄 해리스Tristan Harris는 인간의 취약성에 대한 값싼 이용을 다음과 같은 멋진 표현으로 담아냈다. "뇌간의 바닥을 향한 경주."[17]

클릭베이트clickbait(낚시성 링크)는 우리의 주의를 둘러싸고 벌어지는 치열한 경쟁을 상징적으로 보여주는 사례다. 이 용어는 이미 옥스퍼드 영어사전에 등재되어 있는데, 사전은 클릭베이트를 이렇게 정의한다. "주의를 끌고 방문자가 특정한 웹페이지로 이어지는 링크를 클릭하도록 유도하는 것이 목적인 콘텐츠." 당신은 그 용어를 몰랐다고 해도 웹상에서 클릭베이트를 마주친 경험이 있을 것이다. 다음 사례가 잘 보여주듯이, 클릭베이트의 특징은 눈에 잘 띄고 분노를 유발하는 헤드라인 유형에 있다. "부모가 절대 사과하면 안 되는 23가지", "이 하나의 놀라운 문장으로 공손한 사람이 될 수 있다", 혹은 "어느 날 아기 판다가 우리 집 현관에 나타났다. 그리고 상상조차 하기 힘든 일이 벌어졌다." 클릭베이트는 우리의 감정을 대단히 미묘하게 공략한다. 페이스북에 공유된 1억 개의 기사를 분석한 한 연구에 따르면, '최고의 성과를 거두는' 헤드라인에서 공통적으로 발견할 수 있는 문구는 '제정신이 아니다are freaking out', '눈물 나게 한다make you cry', 그리고 '충격적이다shocked to see'와 같은 것들이다. 이 연구는 또한 '집단 소속감에 호소하는' 헤드라인이 사람들의 참여를 자극한다는 사실도

확인했다. 예를 들어 "X와 같은 이들만이(소수의 집단) 이해할 수 있다"는 식의 표현이 그렇다.[18]

주의력 경제에서는 헤드라인을 작성하는 사람뿐 아니라 사람들을 설득하려는 모든 설계가 이러한 게임에 참여하게 된다. 실제로 모든 유형의 설계자가 행동과학의 최신 연구 성과를 활용해 최대한 효과적으로, 최대한 확실하게 우리의 뇌 속의 올바른 버튼을 누를 수 있도록 돕는 출판과 컨설팅 시장이 급성장하고 있다.[19]

사람을 설득하고자 하는 설계의 한 가지 주요한 목표는 사용자가 계속해서 상품으로 돌아오도록 만드는 것이다. 이를 위해서는 습관을 창조해야 한다. 사용자의 습관화를 유도하려는 설계자에게 성경 같은 책으로 니르 이얄Nir Eyal의 『훅』을 꼽을 수 있다. 여기서 이얄은 이렇게 말한다. "과학기술자는 사람들이 우리가 원하는 행동을 하도록 설득하는 상품을 개발한다. 우리는 이러한 사람들을 '사용자'라 부른다. 명시적으로 드러내지 않더라도, 우리는 모든 사용자가 우리가 만든 모든 것에 강력하게 얽매이기를 은밀하게 소망한다."[20] 이 책에서 이얄은 설계자에게 사용자를 얽어매기 위한 네 단계 모형을 제시한다. 이 모형은 자극제와 행동, 변동적인 보상, 그리고 상품에 대한 사용자의 '투자'(가령 돈이나 시간)로 구성된다.

여기서 핵심 요소는 변동적인 보상이다. 특정한 행동에 대한 보상 일정을 무작위로 정하면, 사람들이 그 행동을 수행하는 횟수가 증가하게 된다.[21] 이는 사용자가 '끝없이' 피드를 스크롤링함으로써, 특히 '당겨서 새로고침pull-to-refresh' 기능이 있는 피드를 스크롤링함으로써 보여주는 높은 참여를 뒷받침하는 기본적인 구조다. 오늘날 우리는 수많은 앱과 웹사이트 속에서 이러한 현상을 발견할 수 있다. 가령 페이스북의 뉴스피드news feed나 트위터의 스트림stream에서 만나게 된다. 모든 형태의 비디오게임 역시 이를 널리 활용한다. 실제로 이러한 효과를 일컬어 종종 '슬롯머신' 효과라고도 한다. 그 이유는 그것이 도박 산업이 의존하는 근본적인 시스템이기 때문이다. 이 시스템은 미국에서만 매일 십억 달러 이상의 매출을 창출한다.[22] 변동적인 보상 일정은 또한 충동적이고 때로는 중독적인 사용 습관의 엔진으로서 많은 사용자가 이러한 습관을 통제하는 데 어려움을 겪는다.[23]

슬롯머신을 하든, 우리를 '얽어매도록' 설계된 앱을 사용하든 우리는 똑같은 일을 하고 있다. 우리는 '놀람의 가능성에 대가를 지불하고 있다.'[24] 슬롯머신의 경우 우리는 돈을 지불한다. 주의력 경제 속 기술의 경우 우리는 주의를 지불한다. 슬롯머신의 경우와 마찬가지로 우리가 이러한 기술로부터 받는 이익(말하자면 '공짜' 상품과 서비스)은 명백하고 즉각적이다. 반면 우리가 지불하는 주의적 비용은 시간에 걸쳐 작은 크기로 나누어져 있다. 그래서 우리는 이러한 공짜 상품이나 서비스에 스스로 얼마나 많은 비용을 지불하는지 쉽게 깨닫지 못하는 것이다.

물론 설득적 설계가 본질적으로 나쁜 것은 아니다. 비록 우리의 심리적 편향을 공략한다고 해도 말이다. 실제로 우리는 설득적 설계를 긍정적인 방식으로 사용할 수 있다. 예를 들어 공공정책 분야의 경우 '넛지'는 사람들이 활동하는 환경을 구축함으로써 그들의 행복을 더욱 증진하는 방식으로 의사결정을 내리도록 돕는 것을 목표로 한다. 하지만 주의력 경제에서 설득적 설계를 위한 동기는 오로지 사람들의 주의를 포착하고 유지하는 것이다. 즉 우리가 계속 쳐다보고, 클릭하고, 탭을 하고, 스크롤을 하도록 만든다. 이러한 사실은 정보 풍요의 시대에 우리가 이미 직면하는 자기통제의 도전 과제를 완화하기보다 더욱 심화시킨다.

마음의 자유

한 초창기 브라우저의 초기 화면에는 이러한 문구가 실려 있었다. "월드와이드웹에서 최고는 없다."[25] 다시 말해 웹은 파일 디렉토리와는 달리 수직적으로 구성되지 않는다. 웹은 분산된 점들의 네트워크다. 그러나 인터넷과 관련해 한 가지 비극적인 아이러니는 그렇게 분산된 **정보** 관리 인프라가 인류 역사에서 **주의** 관리를 위한 가장 집중화된 시스템이 기능하게 했다는 사실이다. 오늘날 몇몇 기업의 몇몇 인물만이 수십억 인류가 생각하고 행동하는 방식을 형성할 능력을 갖추고 있다. 그중 한 사람인 마크 저커버그는 페이스북에서 20억 명의 사용자를 거느리고 있을 뿐 아니라, 왓츠앱(13억 명)과 페이스북 메신저(12억 명), 그리고 인스타그램(8억 명)까지 소유하고 있다.[26] 구글과 페이스북은 연간 인터넷 광고 성장률의 85퍼센트를 차지하고 있으며, 그 비중은 점점 증가하는 추세다.[27] 페이스북 뉴스피드는 이제 뉴스 웹사이트의 주요 트래픽 원천으로 자리 잡았다.[28]

알렉산드로스 대왕조차 누군가 이처럼 어마어마한 권력을 가질 수 있으리라고 상상하지 못했을 것이다. 우리에게는 아직 이를 부르기 위한 적절한 용어조차 없다. 지금으로서 이는 추종자에 대한 인식 가능한 통제 형태가 아니다. 이는 새로운 정부나 종교, 혹은 언어와 비슷하다. 하지만 이러한 범주조차 충분해 보이지 않는다. 사실 지구상에서 영어를 쓰는 인구는 20억 명도 되지 않는다.

이차대전이 한창이던 1943년, 처칠은 명예학위를 받고 청중에게 짧은 연설을 하기 위해 하버드대학으로 떠났다. 그의 이번 연설 제목은 「공통의 언어라는 선물」이었다. 영국과 미국이 언어를 공유하고 있다는 사실을 칭송하고 난 뒤, 처칠은 언젠가 영미 간 동맹과 단결뿐 아니라 공동의 시민권을 위한 기반으로 기능하기를 소망했던 기초 영어Basic English(국제적인 의사소통을 위해 선별한 850단어로 이뤄진 영어 – 옮긴이)의 중요성을 역설했다. 처칠은 기초 영어가 언젠가 국제 공용어가 될 단순화된 형태의 영어로서, '기초적이기는 하나 상호 교류와 이해의 매체'가 될 것으로 기대했다. 바로 이러한 맥락, 즉 세계 공통의 언어적 운영 시스템에 대한 전망에서 그는 이렇게 말했던 것이다. "미래의 왕국은 마음의 왕국입니다."

처칠이 남긴 말에서 우리는 이러한 추론을 해볼 수 있다. 미래의 **자유**는 마음의 **자유**다. 그가 말한 미래는 우리가 지금 제대로 이해하지 못하고 있는 현재다. 그러나 그러한 현실을 직시할 때, 우리는 산업화된 지능적 설득의 전례 없는 시스템이 주의의 자유에 부과한 명백하고도 급박한 위협의 실체를 깨닫게 될 것이다.

2부

인간을 외면하는 클릭

6 시민은 상품이다

내겐 아직 정확한 명칭이 없지만 이름을 붙여줄 필요가 있어 보이는 것들의 목록이 있다. 예를 들어 단어를 오랫동안 쳐다보면 철자가 틀린 것처럼 보이는 아리송함. 혹은 길을 걷다 행인을 마주쳤는데 상대가 어느 방향으로 비켜 갈지 알지 못해 어색하게 주춤거리다가 다행스럽게도 기적적으로 지나가게 되는 상황의 어색함. 혹은 의자에 앉아있는데 사람들이 당신 뒤쪽으로 지나갈 때, 굳이 그럴 필요가 없음에도 그들이 지나갈 공간을 마련해주기 위해 의자를 당겨 앉음으로써 그들의 존재와 그들이 지나간다는 사실을 인식하고 있다는 사실을 알려주려는 행동. 그리고 택시를 탔는데 기사가 다른 운전자나 행인을 가로막는 식으로 운전을 할 때, 그게 당신이 탄 택시이고 그러한 위반 행위 때문에 당신이 이익을 보고 있다는 이유로 피해를 본 이들에게 사과하고픈 충동. 다른 한편으로 그건 엄연히 당신의 잘못이 아니다. 결국 당신은 화가 난 상대가 지나갈 때, 마치 "미안합니다!"라고 말하려는 듯

입술을 깨물고 어색한 웃음을 짓고 만다.

철학자 루드비히 비트겐슈타인은 이렇게 말했다. "내 언어의 한계는 곧 내 세상의 한계를 의미한다."[1] 언어의 지평을 확장할 때 자신과 세상에 대한 인식의 지평도 넓어진다. 그럴 때 우리는 예전에 보지 못했던 것을 보고, 그것에 대해 다른 사람과 논의하는 법을 배운다.[2] 가령 '클릭베이트'라는 단어가 나오기 전에 우리는 그것을 뭐라고 불렀을까? 빈지워칭binge-watching(TV 드라마를 한꺼번에 몰아보는 행위를 일컫는다 – 옮긴이)이나 험블브래그humblebrag('겸손한humble'과 '자랑하다brag'를 합쳐 겸손한 척하면서 은근히 자랑하는 태도를 일컫는다 – 옮긴이), 아니면 포모 증후군은 어떤가?

디오게네스 또한 그가 세상과 관계를 맺기를 원하는 방식을 설명하기 위해 새로운 용어를 만들어야 했다. 사람들이 그에게 어디 출신인지 물을 때마다 그는 이렇게 대답했다. "나는 세계의 시민(*kosmopolitês*, 즉 **코스모폴리탄**)이다."[3] 그때까지 누구도 그런 말을 쓰지 않았기 때문에 사람들은 그게 무슨 의미인지 알지 못했다. 물론 그 의미는 오늘날과 달랐다. 디오게네스는 제트기를 타고 돌아다니는 부자가 아니었다. 사실 그는 노예 시장에 나온 적도 있었다. 노예 상인이 잠재적 구매자들 앞에 디오게네스를 데리고 나오면서 무얼 할 수 있는지 말해보라고 하자, 그는 이렇게 대꾸했다. "사람들을 통치하는 일이오." 그의 대답에 강렬한 인상을 받은 어떤 사람이 곧바로 디오게네스를 샀고, 그에게 자녀 교육을 맡겼다. '세계의 시민'이 상품이 되어버린 것이다.

새로운 마음의 왕국과 어떻게 관계를 맺기를 원하는지 설명하기 위해서는 새로운 용어가 필요하다. 산업화가 이뤄진 거대한 설득 프로젝트가 우리 발아래서 시작되고 있다. 그 프로젝트는 우리의 주의를 포착하고 이용하기 위해 경쟁을 벌이고 있고, 우리는 그것이 어떻게 개인적, 정치적 삶의 성공을 위협하는지 설명하려 한다. 이제 우리에게 필요한 것은 주의에 관해 이야기하기 위한 더 풍요롭고 포괄적인 방식이다. 역사학자 토니 주트Tony Judt는 자신의 책 『더 나은 삶을 상상하라』에서 이렇게 말한다. "문제를 해결하려면, 먼저 문제에 이름을 붙여야 한다."[4]

그러나 우리의 사회적, 정치적 논의 과정에는 그러한 용어가 부족하다. 그 결과 우리를 위협하는 기술적 '주의 분산'을 더 거시적 관점에서 설명해내지 못하고 있다. 우리는 지금도 여전히 정보 결핍의 환경에서 만들어낸 개념적 도구를 이용해 주의와 씨름하고 있다. 우리는 주의를 하나의 대상으로 바라보지 못하고 있다. 우리 언어의 한계는 곧 우리 주의 세계의 한계다.

주의 언어의 확장

주의란 무엇인가? 심리학자 윌리엄 제임스William James는 1890년 출간된 자신의 책 『심리학의 원리』에서 이렇게 말한다. "우리 모두 주의가 무엇인지 안다." 하지만 주의가 무엇인지 **정말로** 아는 사람은 없다. (내 이름이 그의 이름을 거꾸로 한 것이라 일부러 반대 입장을 취한 것은 절대 아니다.) '주의'라는 용어는 매우 다양한 영역에서 여러 가지 방식으로 사용된다.[5] 실제로 전문적인 심리학과 신경과학 논문에서조차 학자들은 주의의 정의에 동의하지 못하는 듯 보인다.[6]

그렇더라도 일반적으로 일상적인 환경에서 '주의'라는 용어를 사용할 때, 우리는 대개 인지과학자들이 말하는 주의의 '집중spotlight', 혹은 특정한 과제 안에서 순간적인 인식의 방향을 의미한다.[7] 주의의 '집중'은 사실 우리가 원하는 일을 하도록 도움을 주는 유형의 주의를 뜻한다. 내가 이 글을 쓰면서 내 감각 흐름에 따라 특정한 정보를 선택하는 방식이 바로 이에 해당한다. 나는 컴퓨터 화면의 특정한 부분을 바라보고, 키보드의 특정한 키를 누르고 있다(사실 이전 문장을 쓸 때 헬리콥터가 창문 너머로 굉음을 내며 나타났다가 나무 뒤로 사라지면서 내 주의를 순간적으로 흩뜨려 놨다).

하지만 이것은 엄밀하게 말해 피상적인 차원의 '주의 분산'이며, 주의에 관한 일상적인 언어는 이미 기능을 하고 있다. 여기서 언어를 확장한다는 말은 주의의 더 깊은 차원으로 파고든다는 뜻이다. 그렇다면 어떻게 더 깊은 차원으로 파고듦으로써 주의력 경제의 고유한 도전 과제를 명확하게 밝혀낼 수 있을까?

질문의 형태를 바꾸는 것이 좋겠다. "주의란 무엇인가?"라고 묻기보다 "주의를 기울일 때 우리는 무엇을 지불하게 되는가?"라고 묻는 편이 도움이 될 듯하다. 여기서 우리가 주의의 '집중'을 넘어서 탐험을 하도록 허용해주는 새로운 가능성의 공간이 열린다.

주의를 기울일 때 우리는 무엇을 지불하게 되는가? 우리는 할 수 있었지만 하지 않은 모든 것을 지불한다. 가령 우리가 추구하지 않는 모든 목표, 취하지 않은 모든 행동, 다른 것들에 주목했더라면 될 수 있었던 모든 가능한 자신을 말이다. 우리는 주의를 기울일 때 가능했던 사라진 미래를 지불한다. 우리는 드라마 〈왕좌의 게임〉 새 에피소드를 보기 위해 불안해하는 자녀와 함께 진심어린 대화를 나눌 기회를 지불한다. 소셜미디어에 추가적인 시간을 들이기 위해 이루지 못한 잠, 그리고 다음 날 아침에 맛보지 못한 상쾌함을 지불한다. 자신이 혐오하는 정치인에 대한 분노를 자극하는 클릭베이트를 클릭하기 위해 인내심과 공감을 지불한다. 그리고 애초에 그 미끼를 물도록 스스로를 허락한 자기 자신에 대한 분노를 지불한다.

우리는 주의에 우리가 경험할 수 있었던 삶을 지불한다. 이러한 광범위한 관점에서 기회비용을 고려할 때, 주의에 관한 질문은 삶의 GPS에서 다음 단계를 훌쩍 넘어서 확장한다. 여기에는 이후의 **모든** 단계와 그 관계, 목적지의 본질, 우리가 원하는 구체적인 **길**, 우리가 거기에 가고자 하는 **이유**, 그리고 애초에 이러한 질문을 던지는 우리 자신의 능력까지도 포함한다. 이러한 관점에서 주의에 관한 질문은 곧 모든 규모의 인간 경험에 걸쳐 우리가 원하는 방식대로 삶을 항해하는 자유에 관한 질문이 된다.

자유에 관한 질문에서 위대한 사상가들의 이야기가 도움이 될 것이다. 특히 19세기 철학자 존 스튜어트 밀을 빼놓을 수 없다. 그는 자신의 영향력 있는 책 『자유론』에서 이렇게 말한다. "인간 자유의 적절한 부분은… 가장 먼저 의식의 내적 영역… 생각과 감정의 자유, 그리고 실제든 상상이든 모든 주제에 대한 주장과 감정의 절대적 자유로 구성된다." 그리고 이렇게 밝힌다. "이 원칙은 취향과 추구의 자유, 그리고 우리 자신의 특성에 어울리는 삶의 계획에 관한 틀을 세우는 자유를 요한다."[8] 내가 보기에 밀은 여기서 주의의 자유와 **유사한** 개념에 대해 언급하고 있다. 결정적으로 그는 주의의 자유가 '첫 번째' 자유이며, 이를 기반으로 표현의 자유가 가능하다고 지적한다. 주의의 자유가 없을 때 표현의 자유는 아무런 의미가 없다. 주의의 자유는 표현의 자유의 필요조건이자 충분조건이다.

여기서 밀은 주의와 관련해 어떻게 더 광범위하게 생각할 수 있는지, 그리고 어떻게 '주의 분산을 향한 무한에 가까운 욕망'을 먹잇감으로 삼는 잠재적 피해의 영역 전체를 고려할 수 있는지에 대한 실마리를 던져준다. 그렇다면 주의는 우리가 지금 당장 하는 일에 관한 것만이 아니다. 주의는 삶 전체를 항해하는 방식에 관한 것이다. 다시 말해 우리가 누구인지, 어떤 사람이 되고 싶은지, 그리고 우리가 이러한 것들을 어떻게 정의하고 추구하는지에 관한 것이다.

이는 우리가 심리학적으로 협소하게 정의된 주의의 개념에서 벗어나야 한다는 사실을 의미한다. 철학자 게오르크 프랑크Georg Franck는 이렇게 말한다. "주의는 즉각적으로 제공할 수 있는 정보를 처리하는 역량 이상의 것이다. 주의는 스스로 확신하는 존재, 그리고 민감한 마음의 상태 차원에서 의식적이 되는 것의 본질이다. 주의는 경험하는 창조물인 우리에게 현실이 되는 모든 것이 표현되는 매체다."[9] 이는 주의의 개념에 대해 생각하기 위한 흥미로운 접근 방식이지만, 이 책의 목적에 비춰볼 때 지나치게 광범위한 방식인 것으로 보인다.

주의의 노력을 '의지의 본질적인 현상'이라 말한 제임스의 설명이 더 구체적이면서 유용한 중간 지점에 이르는 길을 보여주는 듯하다. 우리가 '주의'라는 개념을 인간의 의지라는 개념의 방향으로 확장한다면, 이를 통해 우리는 직접적인 '집중' 이상을 포함할 만큼 매우 광범위하면서 동시에 '의식'이나 '존재', 혹은 '삶 자체'와 같은 포괄적인 개념을 포함할 만큼 지나치게 광범위하지 않은 견해를 취할 수 있다. 여기서 나는 주의를 인간 의지와 더불어 **동시에 존재하는 것**으로 생각해야 한다고 주장하는 것이 아니라, 일반적인 방향에서 우리가 유용하게 확장할 수 있는 구조로 생각해야 한다고 말하는 것이다. 우리의 현재 목적에 비춰볼 때 주의에 대한 이러한 확장된 견해를 인간 삶의 모든 단계에 걸친 완전한 항해 역량으로 생각할 수 있다.

민주주의 근간 파괴

물론 의지는 민주주의의 정당성이 비롯되는 원천이기도 하다. 이러한 차원에서 디지털 주의력 경제의 정치적, 도덕적 의미는 전면으로 대두된다. 세계인권선언문 제21조에 따르면, "인간의 의지는 정부 권한의 기반이다." 그런데 디지털 주의력 경제가 인간의 의지를 약화시킨다면, 그건 다름 아닌 민주주의 근간을 파괴하는 일이다. 이는 개인의 자유와 자율성은 물론, 가치 있는 모든 정치를 추구하는 우리의 집단적 능력을 직접적으로 위협하게 될 것이다.

루소가 이야기한 보편적 의지라는 '명료한 개념'은 개인의 의지를 단순히 더한 것이 아니다. 그건 '공동의 이익에 관심을 가진' 모든 개인의 의지를 하나로 모은 것이다. 말하자면 개인은 보편적 의지와 유사하지 않거나 상반된 개인적 의지를 가질 수 있다. 그렇게 광범위한 차원에서 주의 약화의 정치적 의미는 개인 삶의 좌절된 항해, 혹은 많은 이들의 삶의 좌절된 항해를 고려하는 것만으로 완전히 설명할 수 없다. 우리는 시민의 고유한 좌절, 그리고 시민권이라는 개념 자체에 관해서도 설명해야 한다.

루소는 사회를 '몸'으로 생각한다면, "모든 기관이 조화를 이루도록 만드는 공동의 감각 중추 같은 것이 존재해야 한다"라고 했다. 이 은유에 따를 때 시민권의 구성을 위협하는 것은 몸의 정치를 조율하는 신경 시스템에서 발생한 합선과도 같다. 실제로 심리학자들은 다양한 유형의 집단 의사결정 편향과 오류를 확인하고 있다. 이러한 편향과 오류는 계속해서 집단적 의지를 반영하지 못하는 집단 행위로 이어진다(때로는 '애빌린 역설'(집단 구성원 모두가 자신이 원하지 않는 방향의 결정에 동의하는 역설적인 상황 – 옮긴이)처럼 정반대

되는 의지를 반영하기까지 한다).[10]

주의의 빛

주의의 언어를 확장하고 이를 바탕으로 개인적, 보편적 의지에 관한 질문에 대해 논의함으로써 지능화, 산업화를 이룬 주의력 경제의 설득이 우리 삶과 정치에 가하는 위협을 분명하게 이해할 수 있을까?

주의에 대한 광범위한 관점을 인간 의지의 작동과 비슷한 것으로 이해한다면, 그리고 그 관점을 정치를 위한 인간 의지의 구심점에 관한 이해와 연결한다면, 궁극적으로 주의력 경제를 정치의 근간을 형성하고 목표로 삼는 프로젝트로 바라보지 않을 수 없다. 여기서 상품이 되는 것은 단지 사용자뿐 아니라 실질적으로 모든 시민이다.

이러한 광범위한 주의의 개념을 개인적, 집단적 의지의 방향으로 논의하기 위해 직접적인 인식이라는 '집중'에 더해 추가적인 두 가지 '빛light'을 가정해보자. 이러한 '빛'은 프랑크푸르트가 인간 의지의 구성으로 이해한 방식과 거시적 차원에서 조화를 이룬다.

여기서 나는 이러한 측면에서 어떠한 형태의 과학적 주장이나 논증을 펼치고 있지 않다. 내 관심은 주로 탐구적인 것이다. 이를 문제 공간problem space(문제에 대한 해결책을 모색하는 심리적 공간 – 옮긴이)을 뚫고 나아가는 과정에서 유용한 한 가지 가능한 경험 법칙이라 생각해보자. 심리학자 고든 패스크Gordon Pask는 사이버네틱스를 '옹호할 수 있는 은유를 이용하는 과학과 기술'이라 부른 적이 있다.[11] 이 설명은 우리의 과제에도 그대로 적용된다.

- **집중**spotlight 우리의 인식과 행동이 과제를 향해 나아가게 하는 직접적인 능력. 우리가 원하는 것을 하도록 만든다.
- **별빛**starlight 우리 삶이 '별을 따라' 더 높은 목표와 가치를 향해 나아가게 하는 포괄적인 능력. 우리가 되고자 하는 사람이 되도록 만든다.
- **햇빛**daylight 우리가 애초에 목표와 가치를 정의하게 하는 근본적인 능력(숙고, 메타 인식, 이성, 지능). 우리가 '원하는 것을 원하도록' 만든다.

이러한 주의의 '빛'은 각각 **행동하고, 존재하고, 이해하는** 것과 관련이 있다. 이러한 '빛'들이 모두 가려질 때 (상호 배타적인 것은 아니라고 해도) 뚜렷한 형태의 주의 분산으로 이어진다.

7

집중의 빛이 가려질 때

넷플릭스에서 우리는 고객의 시간을 놓고 경쟁을 벌인다.

우리의 경쟁자로는 스냅챗과 유튜브, 그리고 수면 등이 있다.

— 리드 헤이스팅스

밥 딜런은 말했다. "아침에 일어나고 밤에 잠을 자며 그사이 자신이 원하는 일을 할 수 있다면, 그는 성공한 사람이다."[1] 기술은 때로 우리가 원하는 일을 하도록 돕지만 때로는 그렇지 않다. 기술이 우리에게 도움을 주지 않을 때 그건 주의의 '집중'을 파괴한다. 이러한 파괴는 **기능적** 주의 분산을 야기하고, 이는 다시 우리가 당면한 과제나 목표와 관련된 정보나 행동으로부터 멀어지게 만든다.

기능적 주의 분산은 우리가 일상적으로 말하는 '주의 분산'과 같은 의미다. 이는 헉슬리가 '정신생리학적 행동의 일상적 폐기물'[2]이라 말한 그러한 유형의 주의 분산이다. 우리는 자신이 세운 모든 계획을 실천하기 위해, 그리고 해야 할 책임이 있고 반드시

해야 한다고 마음 깊이 생각하고 있지만 아직 하지 않은 어른스러운 일을 하기 위해 컴퓨터 앞에 앉는다. 그러나 우리의 무의식적인 마음이 의식적인 마음을 압도하면서 45분 뒤 세계 경제 붕괴에 관한 기사를 읽고, 자동으로 실행되는, 잠을 자면서 달리는 개가 나오는 유튜브 영상을 본다. 우리를 알고 있다고 공개적으로 인정하는, (실제로 아무리 낮다고 해도) 놀라운 비율의 사람들이 삶에서 성취한 것을 엿보는 자신의 모습을 발견하게 된다.

일반적으로 기능적 주의 분산은 알림으로부터 일어난다. 안드로이드 모바일 운영 시스템은 매일 10억 명 이상의 사용자에게 110억 건이 넘는 알림을 전송한다. 우리는 이메일 서비스와 소셜 네트워크, 모바일 앱 같은 시스템으로부터 다양한 알림을 받는다. 가령 이런 식이다. "나는 차를 끓이기 위해 주전자를 불 위에 올려놓으려 했는데, 그때 캔디크러시 앱이 내가 며칠 동안 게임을 하지 않았다는 알림을 보냈다." 알림의 또 다른 주요한 원천은 메시지 앱 같은 개인적인 의사소통 시스템이다. 구글의 지메일 시스템의 경우 붉은색 알림이 화면 오른쪽 상단에 뜬다. 이는 사용자의 주의를 더 잘 포착하고, 설득적 효과를 극대화하려는 조치다. 이러한 알림의 효과는 붉은색[3]은 물론 무언가를 깨끗하게 하고 정리하려는 본능(종종 알림에 대한 저항을 더 힘들게 만드는)[4]에 대한 인간의 반응을 이용한 것이다.

이런 알림 메시지가 초래하는 방해의 영향은 우리가 직접적으로 잃게 되는 시간의 양을 넘어선다. 우리가 집중을 하고 있다가 방해를 받을 때 다시 집중 상태로 돌아가려면 평균 2~3분이 걸린다. 게다가 자신의 환경에서 기능적 주의 분산을 경험하면, 나중에 과제와 관련된 무언가가 등장할 때 환경 속 동일한 공간으로 주의를 되돌리는 일이 더 힘들어진다.[5] 기능적 주의 분산은 우리의 주의를 지각적인 정보뿐 아니라 숙고적인 정보로부터도 멀어지게 만든다. 예를 들어 앱 알림이나 다른 사람의 메시지가 우리의 집중이나 '몰입flow'을 방해할 때, 이는 우리의 작업 기억 속에 새로운 정보를 밀어 넣음으로써 다양한 작업 관련 정보를 몰아낸다.[6] 다시 말해 주의력 경제의 설득적 설계는 우리의 주의를 놓고 다른 설계뿐 아니라 우리의 내적 환경에 있는 것들과도 경쟁을 벌인다. 더 나아가 알림에 대한 반복적인 노출은 정신적 습관을 형성하며, 이러한 습관은 기술의 방해가 없을 때조차 사용자가 스스로를 방해하도록 훈련을 시킨다.[7]

우리는 기능적 주의 분산의 피해를 간과하는 경향이 있다. 이유는 그 영향의 규모가 작기 때문이다. 그러나 크로퍼드는 이에 대해 이렇게 말한다. "주의 분산성distractibility은 정신적 비만과 같은 것으로 볼 수 있다." 이러한 관점에서 볼 때 개별적인 기능적 주의 분산은 개별적인 감자 칩과 비슷하다.

정치적 정보에서 멀어지는 이유

주의 집중을 방해하는 것은 여러 가지 방식으로 우리의 정치적 삶을 힘들게 만든다. 그 한 가지는 우리를 정치적 정보에서 멀어지고 비정치적 정보로 향하게 만드는 것이다. 이러한 과정은 반드시 의식적인 차원에서 일어나지는 않는다. 예를 들어 뉴스 웹사이트는 세금 정책을 개편하려는 정부의 노력에 관한 최신 정보를 습득할 수 있는 선택권을 내게 준다. 하지만 해당 기사 바로 옆에 관심을 자극하는 유명인 가십에 관한 또 다른 기사가 있다. 게다가 그 사진은 분명하게도 내 자동적 자아automatic self에 말을 걸고 내가 클릭을 하도록 유도하는 데 더욱 능하다.

동시에 정치적 정보로부터 주의를 멀어지게 만드는 분산은 설계에 의해서도 가능하다. 가령 정당이나 특정한 이해관계를 가진 주체의 선전 시도가 그렇다. 예를 들어 중국 정부는 그들이 못마땅하게 여기는 이야기를 못 하게 막거나 제거하기 위해 온라인 검열을 하는 것으로 널리 알려져 있다. 하지만 흔히 '우마오당50 Cent Party'(댓글을 달 때마다 5마오, 즉 0.5위안을 받는다고 해서 붙여진 이름인데, 공식적으로 확인된 바는 없다 - 옮긴이)으로 알려진 중국의 선전 조직은 최근 들어 '역검열', 혹은 '전략적 주의 분산'이라는 기술을 활용한다. 그들은 수많은 소셜미디어 콘텐츠를 바탕으로 그들이 못마땅하게 여기는 이야기로부터 사람들의 주의를 멀어지게 만든다. 이러한 선전 시도를 분석한 하버드대학 연구원들은 중국 정부가 그러한 전략적 주의 분산의 일환으로 소셜미디어에 연간 4억 4천800만 건의 게시 글을 올리는 것으로 추산한다.[8] 정치학자 마거릿 로버츠Margaret Roberts는 한 인터뷰에서 이렇게 밝혔다. "핵심은 사람들이 선전을 믿거나 관심을 기울이게 하는 게 아닙니다. 그 대신 정부가 막고자 하는 이야기에 사람들이 관심을 덜 쏟도록 유도하는 것입니다."[9]

전략적 주의 분산을 활용해 정치적 논의의 초점을 바꿀 수도 있다. 여기서 우리는 전 미국 대통령 도널드 트럼프의 트위터 마이크로블로그 플랫폼 활용에 관해 언급하지 않을 수 없다. 그가 트위터를 활용한 주요한 목적은 자신의 이미지를 훼손하는 스캔들과 당혹스러운 뉴스로부터 사람들의 주의를 분산시키는 데 있었다. 마찬가지로 트럼프는 2016년 미 대선에서도 소위 '폭풍 트윗tweetstorm'을 통해 "분위기를 완전히 바꿨다." 그는 TV와 라디오 뉴스 방송사의 관심을 독차지했고, 이를 통해 유한한 방송 시간을 최대한 많이 확보했다. 반면 다른 후보자들은 조금밖에 얻지 못했다. 한 연구는 트럼프가 2016년 선거 8개월 전에 이미 20억 달러에 달하는 언론 보도를 얻거나 사들였다고 추정했다.[10] 이러한 접근 방식에 더해 트럼프는 고도로 맞춤화된 기능적 주의 분산을 시도했다. 예를 들어 트럼프 진영의 유권자 억압 시도에 대해 생각해보자. 그들은 페이스북을 통해 고도로 맞춤화된 메시지를 아프리카계 미국인에게 보냈다(분노를 자극하지만 대단히 표준적인 디지털 광고 방식을 활용한 기술).[11]

확실히 기능적 주의 분산은 정치적으로 중요할 수 있지만, 손상된 주의 '집중'의 독립적인 사례가 우리가 여기서 궁극적으로 다루고자 하는 형태의 근본적인 위험을 개인적, 집단적 의지에 부여하는 것으로 보이지는 않는다. 더 심오한 위험을 확인하기 위해 우리는 더 심오한 유형의 주의 분산으로 시선을 옮겨야 한다.

8

별빛이 가려질 때

(도널드 트럼프의 출마는) 미국에는 좋지 않지만,

CBS에는 엄청난 호재다.

— 레슬리 문베스

삶에서 여러 가지 심오한 주의 분산 때문에 실존적 위태로움을 느끼기 시작할 무렵, 내겐 주변 사람을 성가시게 만든 습관 하나가 생겼다. 그건 이런 식이었다. 나는 누군가가 나를 설명하는 흥미로운 표현을 듣는다. 그건 좋은 문구이긴 하지만, 내용이 지나치게 구체적이고 기이해 내 삶 전체를 다룬 전기 제목으로 사용하기에는 적절하지 않다. 그러한 표현을 접할 때마다 나는 영화 예고편을 소개하는 아나운서의 목소리로 엄숙하게 따라 한 뒤 '제임스 윌리엄스 스토리'라고 덧붙인다.

이 습관에 관한 한 가지 사례가 있다. 어느 날, 함께 오랜 대화를 나눈 뒤 아내가 내게 이렇게 말했다. "당신은 마치 비밀을 담아놓은 용기 같아." 그러자 나는 이렇게 대꾸했다. "〈비밀의 용기: 제임스 윌리엄스 스토리〉." 물론 이 농담은 내 존재 전반(이상한 배우자의 비밀을 듣고 간직하는 것보다 더 주목할 만한 많은 성취를 이룬 존재)에 관한 이야기를 늘어놓기 위해, 내 삶에서 이러한 구체적인 스냅 사진을 무작위적으로 선택하는 것이 터무니없고 임의적인 행위라는 말이다. 결국 나는 이 습관을 내 '통시적 자아diachronic self', 혹은 시간이 지남에 따라 점점 불안정해지는 내 '공시적 자아synchronic self'의 물결에 걸친 자아, 혹은 특정한 순간의 자아라고 철학자들이 부르게 될 것을 인정하고 지원하는 장난스럽고 축약된 방식이라고 이해하게(어쩌면 합리화하게) 되었다. 내가 지나치게 분석을 한 것인지도 모른다. 하지만 나는 이 새로운 습관을 나를 규정하는 환경의 힘에 맞서는 직접적인 방식이라 해석했다. 그건 이렇게 외치는 것이나 다름없었다. "나를 그렇게 쉽게 요약할 수는 없다!" 이는 내 이야기가 아닌 것에 주의를 집중하게 함으로써 내 이야기를 지키고자 했던 방식임이 분명했다.

'서사 정체성 이론narrative identity theory'[1]이라 알려진 관점에 따를 때 우리는 이야기로서 우리의 정체성을 경험한다. 네비는 자신의 책 『신경윤리학이란 무엇인가』에서 공시적, 통시적 통합성은 우리가 이러한 이야기의 완전성을 유지하도록 돕는 핵심 요인이라 말한다. "우리는 우리의 중심적 가치를 드러내는 삶을 원하며, 그 삶이 하나의 이야기로 만들어지기를 원한다. 우리는 자기 자신과 다른 사람에게 우리가 어디서 왔는지, 어떻게 지금의 자리에 이르게 되었는지, 그리고 어디로 가고자 하는지 설명해주는 이야기를 들려줄 수 있기를 원한다."

개인적 차원에서든, 혹은 집단적 차원에서든 자신의 정체성에 관한 이야기를 잃어버릴 때 우리가 주의의 '별빛'이라 부르는 것, 혹은 더 높은 가치의 '별을 따라' 항해하는 능력이 손상된다. 우리의 별빛이 가려질 때 '우리가 원하는 존재'가 되는 것은 더욱 힘들게 된다. 우리는 자아가 조각나고 분열되는 듯하고, 결국 일종의 **존재적** 주의 분산으로 이어지게 된다. 윌리엄 제임스는 이렇게 말한다. "이 세상에서 자기중심적인 감정self-feeling은 우리가 되고자 하고, 하고자 하는 것에 전적으로 달렸다." 우리의 실제 습관이 자신이 원하는 가치와 조화를 이루지 못한다고 인식하게 될 때, 이러한 자기중심적인 감정은 정체성의 상실까지는 아니라고 해도 정체성에 대한 도전으로 종종 인식된다.

가려진 '별빛'은 내가 느끼는 주의 분산의 한층 더 깊은 층이다. 나는 우리의 주의를 포착하는 기술 설계가 매우 중요한 역할을 하고 있다고 느꼈다. 기술이 내가 지속하며 살아가고자 하는 정체성과 가치로부터 어긋나는 행동을 유도하는 삶의 습관을 만들고 있다는 사실을 깨닫기 시작했다. 내 삶의 GPS는 단지 내가 이따금 잘못된 길로 들어서도록 안내하는 것이 아니라, 내가 방문해야 할 필요가 없는 멀리 떨어진 곳에 있는 새로운 목적지를 향해 가도록 나를 프로그래밍했다. 그곳은 장기적인 보상보다 단기적인 보상을, 고차원적인 즐거움보다 단순한 쾌락을 더 중요하게 여긴다.

마치 고등학교 미적분학 수업 시간으로 되돌아간 느낌이었다. 이 모든 새로운 기술은 개선된 버전의 **테트리스**였다. 이러한 기술에 길을 내어준 것은 내 과제와 목표뿐 아니라 내 **가치** 역시 마찬가지였다.

사소함의 확산

개인적 영역과 정치적 영역 모두에서, 그리고 나 자신과 다른 사람에게서 별빛이 가려지는 것을 목격한 한 가지 방식은 '사소함pettiness'의 확산에서였다. 여기서 사소함이란 저차원적 목표를 마치 더 고차원적이고 본질적으로 가치 있는 목표인 양 추구하는 것을 의미한다. 저차원적 목표는 주로 단기적인 목표여서, 사소함은 일종의 경솔함으로 보일 수 있다. 경제학자 애덤 스미스는 자신의 책 『도덕 감정론』에서 신중함을 '개인에게 가장 쓸모 있는' 덕목이라 말한다. 스미스에게 신중함이란 두 가지가 합쳐진 개념이다. 하나는 '우리의 행동으로부터 멀리 떨어진 결과를 인식하는' 능력이고, 다른 하나는 '더 큰 즐거움을 얻기 위해, 혹은 앞으로 언젠가 겪게 될 더 큰 고통을 피하기 위해 지금의 즐거움을 삼가거나 현재의 고통을 인내하도록 해주는 극기'다.

나는 내 삶 속에서 이러한 사소함과 경솔함을 봤다. 이는 소셜 미디어 플랫폼의 사회적 비교 시스템이 내가 다른 의미 있는 관계적인 목적을 추구하기보다 단지 '좋아요'를 우선시하고, 최대한 많은 '친구'를 확보하고, 많은 '관계'를 맺도록 훈련시킨 방식에서 뚜렷하게 드러난다. 이러한 시스템은 내가 그 어느 때보다 다른 사람의 관심과 인정을 얻기 위해 더 치열하게 경쟁하도록 만들었다. 나는 소셜미디어 게시 글에서 더 기발한 이야기를 들려주기 위해 애를 쓰면서 더 많은 시간을 보냈다. 그건 그러한 이야기가 사람들에게 들려줄 만한 충분한 가치가 있다고 느껴서가 아니라, 주의적 신호 그 자체를 중요하게 여기게 되었기 때문이다. 사회적 상호작용은 이제 일종의 숫자 놀이가 되었고, 나는 승리에 집착했다. 그 승리가 과연 무엇인지 알지 못한 채 말이다. 나는 이처럼 보상을 주는 사소한 사회적 승인을 더 많이 받을수록 더 많이 원하게 된다는 사실을 깨닫게 되었다. 나는 덫에 걸려든 것이었다.

이러한 시스템을 개발한 이들은 나를, 혹은 우리를 사소한 인간으로 만들려는 의도는 없었을 것이다. 예를 들어 페이스북의 '좋아요' 기능을 만든 이들은 원래 이를 통해 사람들에게 '작은 긍정의 신호'를 전하도록 할 의도였을 것이다.[2] 그 설계가 올바른 방식으로 작동했다면, 그러한 기능을 수행했을 것이다. 하지만 '좋아요' 기능은 데이터를 충분히 빠르게 수집하고, 광고주의 관심을 최대한 자극하는 기능을 발휘하기 시작했다. 그 결과 내 소셜 게임의 '점수'를 말해주는 척도(그리고 그 게임에 참여한 선수인 나)는 주의력 경제의 이익에 직접적으로 기여했다. 일상적으로 숫자를 쫓아가는 사소함 속에서 나는 내가 정말로 누구인지, 혹은 왜 애초에 이 모든 사람과 의사소통하기를 원했는지에 관한 더 고차원적인 관점을 잃어버리고 말았다.

정치 분야에서 사소함은 드문 현상이 아니다. 하지만 2016년 미국 대선 기간에 나는 전혀 기대하지 않았던 이들에게서 대단히 도덕적인 형태의 다양한 사소함을 목격하게 되었다. 단 몇 달 동안 나는 텍사스의 여러 지인(선하고 사랑스러운 사람들, 그리고 신앙심이 두터운 '가치 투표자들')이 특정한 후보자를 도덕적으로 비난할 만하고, 그래서 받아들일 수 없는 존재로 소리 높여 거부하는 입장에서, 결국 단기적으로 정치적 승리를 확보한다는 명분하에 이러한 근본적인 도덕적 약속을 제쳐두는 방향으로 이동하는 모습을 지켜봤다. 성폭행을 저지른 것을 자랑하는 후보자의 영상이 올라왔을 때, 정치적 편의성으로 도덕적 약속을 엎어버리는 모습은 너무도 노골적이어서 어깨를 으쓱하는 반응조차 할 가치가 없었다. 그 무렵, 그들은 소셜미디어에 올린 게시 글에서 이렇게 외치고 있었다. "트럼프가 한 말보다 힐러리가 한 행동이 더 중요하다!"

2016년 미 대선 캠페인에서 트럼프는 신중함에 대한 사소함의 우위를 새로운 차원으로 몰고 갔다. 트럼프는 그야말로 클릭베이트 시스템을 직접적으로 구현한 인물이었다. 그는 충동성, 그리고 우리의 주의를 둘러싼 제로섬 경쟁이 정의한 사소한 미디어 환경의 정치적 영역 속에 존재하는 논리적 상품이다(그 마지막은 아니라고 해도). 한 분석가는 트럼프가 트위터에서 20억 달러의 가치가 있다고 추산했다. 이는 현재 트위터 가치의 약 5분의 1에 해당하는 금액이다.[3] 트럼프의 성공 척도(집회 참가자 수, 리트윗 수)는 곧 주의력 경제의 척도다. 이를 감안할 때 사회적 논의가 일관적으로 트럼프를 '주의적' 관점이 아니라 '정보적' 관점에서 바라봄으로써 그를 전적으로 오해했다는 사실은 정말 놀라운 일이다. 클릭베이트나 소위 '가짜 뉴스'처럼 트럼프의 설계 목적은 정보 전달이 아니라 자극 전달이다. 콘텐츠보다 중요한 것은 콘텐츠의 영향이다.

그 극단에서 이러한 사소함은 나르시시즘으로 모습을 드러낸다. 이는 다른 사람의 관심에 대한 집착, 주의를 그 자체로 중요하게 인식하는 것, 그리고 인기를 핵심 가치로 가장 중요하게 여기는 태도를 말한다. 57건의 연구를 메타 분석한 결과, 소셜미디어가 특히 나르시시즘의 증가와 관련 있다는 사실이 밝혀졌다.[4] 또 다른 연구는 최근 젊은 사람들이 소셜미디어의 압박으로 인해 성형 수술을 많이 하고 있다는 사실을 발견했다.[5] 최근 TV 아동 프로그램을 조사한 한 연구는, 이러한 프로그램들이 추구해야 할 가장 가치 있는 것으로 친사회적인 공동체 가치가 아니라 **인기**를 꼽고 있다는 사실을 확인했다.[6] 서던캘리포니아대학 석좌교수 레오 브로디Leo Braudy는 인기에 대한 자신의 역사적인 연구를 소개한 책 『인기의 열광*The Frenzy of Renown*』에서 우리가 누군가를 '유명하다'고 말할 때, 근본적으로 의미하는 바는 '여기에 주의를 집중하라'는 뜻이라 설명했다. 정보 풍요와 주의 결핍의 시대에 우리는 무엇, 혹은 누가 중요한지(즉 주의를 기울일 만한지) 판단하기 위한 경험 법칙으로서 인기에 더 많이 의존하게 될 것이며, 살아가는 동안(세대에 걸친 유산과는 반대 의미로) 더 많은 인기를 얻고자 할 것이다.[7]

더 높은 가치의 희석

인기를 향한 욕망은 때로 생사를 갈라놓기도 한다. 수많은 유튜브 명사들이 고층 건물 꼭대기를 걷고, 술 한 병을 단번에 들이키고, 여러 가지 위험천만한 묘기를 선보인다. 이 모두는 인기를 위해, 그리고 인기가 가져다줄 광고 수입 때문이지만 때로 비극적인 결말로 이어지기도 한다. 2017년 6월, 한 남성이 유튜브에서 사람들의 시선을 사로잡기 위해 묘기를 벌였다. 그는 당시 둘째 아이를 임신한 아내에게 그가 가슴팍에 들고 서 있는 두꺼운 책을 향해 아주 가까운 거리에서 권총을 발사하도록 요청했는데, 총알이 책을 관통하면서 그는 죽음에 이르고 말았다.《뉴욕타임스》는 이 사건을 이렇게 보도했다.

> 보안관이 말하기로, 이번 일은 기이한 행동으로 충성스러운 인터넷 팔로잉을 이끌어내는 이들이 부富와 명예를 얻는 문화가 초래한 것으로 보이는, 막을 수 있는 사건이었다.
>
> 월요일에 올라온 커플의 마지막 영상에서 페레즈 씨와 그의 남자친구는 스타가 된다는 것에 대해 이렇게 말했다. "구독자가 30만이 되었을 때!"
>
> 루이즈 씨는 이렇게 말했다. "그보다 더 많아지면 파티를 열자고. 안 될 게 뭐 있어?"[8]

비슷한 사례로 비디오게임 라이브 스트리밍 사이트 트위치Twitch에서 35세 남성이 잠을 자지 않고 지나치게 오랫동안 스트리밍 마라톤을 이어가다가 사망에 이르는 사건이 발생했다.[9] 2017년 12월에는 '루프토퍼'라고 알려진 우영잉이라는 중국인이 추락해 사망하는 사고도 있었다. 그는 안전장치 없이 고층 빌딩 꼭대기에 매달리는 영상을 촬영해 돈을 버는 일을 했다. 중국의 대표적인 소셜미디어 웨이보의 한 사용자는 그 남성을 지지한 청중들의 역할과 책임에 대해 이렇게 말했다.

> 그를 지켜보고 칭찬하는 것은 … 자해하려는 사람에게 칼을 사주고, 혹은 건물에서 뛰어내리려는 사람을 부추기는 것과 같다. … '좋아요'나 '팔로우'를 클릭하지 말자. 그건 우리가 누군가의 목숨을 구하기 위해 해야 할 최소한의 일이다.[10]

다른 사람의 관심을 얻으려는 욕망에는 아무런 문제가 없다. 그건 지극히 인간적인 측면일 뿐이다. 다른 사람의 관심을 얻는 것은 인간의 삶에서 필수적이고, 때로 대단히 의미 있는 부분이다. 스미스는 자신의 책 『국부론』에서 관심에 대한 욕망이야말로 우리가 애초에 부를 추구하는 중요한 이유라고 주장한다. 그는 이렇게 말한다. "배려와 공감, 만족, 승인은 우리가 관심을 얻는 것으로부터 이끌어낼 수 있는 모든 혜택이다." 스미스는 사람들이 애초에 부를 추구하도록 유도하는 동인은 이러한 인정과 타인의 관심이라 말한다. 우리가 부를 얻고 부를 '사용할' 때 그건 스미스가 '보이지 않는 손이 이끄는 것'이라 말한 지출이다. 우리는 이를 주의적, 혹은 평판적 부를 위한 금전적 부의 교환이라 부를 수 있다.[11] 이러한 점에서 우리는 **모든** 경제는 결국 주의력의 경제라고 주장할 수 있을 것이다. 하지만 그렇다고 해서 모든 주의가 얻을 만한 가치가 있다거나, 혹은 주의를 추구하는 모든 방식이 칭찬받을 가치가 있다는 의미는 아니다.

우리는 또한 더 높은 가치의 본질과 중요성에 대한 인식이 위축되는 가운데 우리의 별빛이 가려지는 순간을 목격한다. 마이크 저지 감독의 영화 〈이디오크러시〉에서 한 남자가 먼 미래에 동면 상태에서 깨어난다. 그 세상에서 모든 사람은 현저하게 더 멍청해져 있다. 이야기의 한 시점에서 그는 코스트코의 어지러운 매장을 방문한다. 입구에는 멍한 눈빛의 안내 직원이 "코스트코에 오신 걸 환영합니다. 사랑합니다"라는 기계적인 인사말로 그를 맞이한다. 이는 더 높은 가치의 희석에 관한 극단적인 사례다. 여기서 가치는 사랑을 말한다. 디지털 기술의 설계에서 설득적 목표는 종종 고상하고 도덕적으로 들리지만, 마찬가지로 희석된 이름으로 불린다. '적절성relevance', '참여engagement', '현명한smart' 등등. 사용자의 삶을 희석된 가치를 향해 설계하는 것은 개인적, 집단적 차원에서 그들 자신의 가치 희석으로 이어진다.

많은 자유 민주주의 국가에서 민주주의 시스템 안에서 살아가는 것이 '필수적'이라 말하는 비중이 최근 들어 크게 줄었다는 사실을 생각해보자. 민주주의 가치라는 '별빛'은 여러 문화와 언어, 그리고 경제적 상황에 걸쳐 그 빛을 잃어가고 있다. 하지만 이러한 국가들이 공통으로 갖고 있는 몇몇 요소 중 하나는 지배적인 언론의 형태다. 이는 인류 역사상 가장 거대하고, 표준화되고, 그리고 중앙 집중화된 주의 통제 형태를 이루고 있다. 또한 그 설계상 '별빛'로부터 시선을 돌리도록 만들고 있다.

이와 유사하게 세계가치관조사World Values Survey에 따르면, 군사 통치를 인정하는(군사 통치를 '좋다', 혹은 '아주 좋다'고 말하는) 미국인 비중은 지난 이십 년 동안 두 배로 증가했다. 현재 그 비중은 여섯 명 중 한 명꼴이다.[12] 이 주제로 널리 알려진 연구를 수행한 학자들은 이렇게 지적한다. 그 비중이 "성숙한 민주주의 국가들에서 증가했다. 여기에는 독일과 스웨덴, 영국이 포함되어 있다." 결정적으로 그들은 이러한 흐름이 경제적인 어려움 때문은 아니라고 지적한다. 그 학자들은 이렇게 밝힌다. "충격적이게도 이러한 비민주적인 정서는 특히 부유한 사람들 사이에서 빠르게 확산되고 있다." **젊은** 부유층 사이에서는 그 속도가 더욱 빠르다. 현재 '부유한 젊은 미국인의 35퍼센트'가 군사 통치를 인정한다.[13]

정치적 대표자의 입장에서 볼 때, 이러한 가치 희석은 주의력 경제의 척도와 대단히 비슷해 보이는 척도에 대한 우선시는 물론, 국가보다 정당의 우선시로 잘 드러난다. 루소가 자신의 책 『정치경제론』에서 말했듯이, 정치 지도자들 사이에 의무감이 더 이상 존재하지 않을 때 그들은 권력을 유지하기 위해 단지 '그들에게 필요한 사람들의 시선을 사로잡는 일'에만 몰두한다.

은밀한 감정 조작

정보통신 기술은 우리의 정체성을 비추는 거울로서 기능한다. 이 거울은 우리 자신의 위엄 있는 모습, 혹은 그렇지 못한 모습을 보여준다. 거울 속에서 우리가 지키며 살아가고자 하는 자유와 자율성이라는 '별'과는 멀어진 것으로 보이는 삶을 들여다볼 때, 우리는 품위 없음에 대해 충격을 받을 뿐 아니라 '저항'이라는 방어적 자세를 종종 취한다. 여기서 저항은 다음과 같은 생각을 의미한다. "개인은 행동 차원에서 어느 정도 자유를 갖고 있다. 이러한 행동의 자유가 위축되거나 위협을 받을 때 개인은 어떻게든 이를 되찾으려 할 것이다."[14] 다시 말해 자유가 제한된다고 느낄 때 우리는 이를 되찾기 위해 싸우려 한다.

이러한 유형의 저항을 자극하는 품위 없는 모습에 관한 사례로 페이스북과 코넬대학 연구원들이 2014년 수행한 페이스북 '감정 전염emotional contagion' 실험을 살펴보자. 그들은 페이스북 뉴스피드를 활용해 사회적 전염 효과의 증거(즉 감정 수위의 전이)를 찾고자 했다. 이를 위해 그들은 일주일 동안 약 70만 명의 페이스북 사용자 표본을 대상으로 뉴스피드 중에서 긍정적인, 혹은 부정적인 게시 글 수를 줄였다. 그 결과 사용자가 더 적은 부정적인 게시 글을 봤을 때, 그들 자신의 게시 글에서도 부정적인 단어의 비중이

줄었다는 사실을 발견했다. 마찬가지로 긍정적인 게시 글과 긍정적인 단어에서도 동일한 효과를 확인할 수 있었다. 효과의 규모는 아주 작았지만, 결과는 사용자 게시 글의 감정적인 내용이 미치는 설득적 효과를 뚜렷하게 보여줬다.[15]

이 실험 결과에 대한 반응에서 일부는 연구 윤리 절차에 관한 의문을 제기했다. 많은 이들은 페이스북이 사용자를 이용했다는 사실과 관련해 이의를 달고 나섰다. 정치 마케팅 회사 블루스테이트디지털Blue State Digital 창업자 클레이 존슨Clay Johnson은 이렇게 말했다. "페이스북의 '분노 전이' 실험은 참으로 끔찍하다."[16] 시사잡지《애틀랜틱*Atlantic*》은 그 연구를 "페이스북의 은밀한 감정 조작 실험"이라 소개했다.[17] 한 영국 의원은 "페이스북을 비롯한 여러 소셜네트워크가 사용자에게 제공하는 정보를 편집하는 방식으로 그들의 감정적, 심리적 반응을 조작하는지 수사"를 해야 한다고 주장했다.[18] 프라이버시 운동가 로런 와인스타인Lauren Weinstein은 트위터에 이런 글을 남겼다. "페이스북이 그들의 감정 조작 기술로 혹시 사람을 죽이지나 않았을지 의심스럽다. 그들의 거대한 규모와 우리 사회 속 우울한 이들을 고려할 때 이는 충분히 가능한 일이다."[19]

우리는 항상 매체의 설계로부터 이용당한다. 내가 보기에 이는 매체가 무엇이며, 무슨 일을 하는지 설명하는 또 하나의 방식이다. 대부분은 아니라고 해도, 기업 내에서 비공개적으로 이뤄지는 광고 조사의 상당수는 '은밀한 감정 조작 실험'이라 말할 수 있다. 영국

의회가 요청한 수사는 실질적으로 어떠한 방식으로든 우리의 주의를 형성하는 모든 디지털 매체의 설계에 대한 수사를 의미한다.

이러한 실험에 분노하는 많은 이들이 안타깝게도 놓치고 있는 부분은 페이스북이 **마침내** 특정 설계가 사람들의 감정에 긍정적인, 혹은 부정적인 영향을 미치는지 측정하고 있다는 사실이다(이전에는 불가능했던 기술이다). 이에 대해 대중은 정확히 이런 요구를 할 수 있다. "당신이 이제 이것을 측정할 수 있다는 사실을 알고 있다. 그러므로 우리의 이익을 위해 그것을 사용해달라!" 하지만 그 잠재적인 반응은 종종 그러하듯 주의력 경제 자체의 역동성에 의해 결국 좌절되었다.

어떤 사람이 자신의 뉴스피드에 대한 페이스북의 개입을 받아들일 수 없는 조작이라 인식한다면, 게시 글에 쓴 내용에 관한 의사결정을 완전하게 통제하지 못하는 사람이라는 자신의 이미지(품위 없는 모습)에 반대한다면, 그는 페이스북 사용이 자신의 궁극적인 '목표'와 양립할 수 없고, 그 목표에 기여하지 않는다고 생각하게 될 것이다. 앞서 논의했듯이, 궁극적인 목표로부터 멀어지고 있다는 인식은 자기완전성self-integrity을 허물어뜨리고, 그들의 존엄성도 훼손시킬 것이다.

집단적 정체성 분열

마지막으로 우리가 **공유된** 정체성에 관한 이야기를 잃어버리기 시작할 때 이는 정치적 차원에서 중요한 의미를 갖는다. 우리는 자신이 살아가는 사회 속에서 다른 이와 함께 갖고 있는 공통성을 떠올리기 더 힘들어진다는 사실을 발견하게 될 것이다. 그러한 공통성이 동일한 공간, 혹은 전체로서 **대중** 속에 자리 잡고 있다고 상상하기 힘들어진다. 특히 우리가 물리적 공통성으로부터 점차 고립될 때 이런 현상이 두드러지게 나타난다. 물론 고립은 그 자체로 나쁘지 않다. 고립은 개인의 견해와 주장의 발전을 위해 필요하다. 다양성 역시 고립을 필요로 한다. 하지만 공동의 이익과 보편적 의지를 발견할 수 있는 공간을 제거하는 유형의 고립은 극단적으로 문제가 되는 유형의 고립이다.

이러한 공유된 정체성의 위축은 종종 정치적 '양극화'라고 잘못 해석된다. 그러나 '양극화'는 **이성적인** 불일치, 즉 정치적 입장이나 가정에 대한 의견 불일치를 뜻한다. 반면 우리 앞에 놓인 것은 근본적으로 **비이성적인** 불일치로 보인다. 즉 **정체성**의 불일치이자 실질적으로 전체로서 대중 사이에서 '진정한 자아 부조화 deep-self discordance'인 것으로 보인다. 이러한 현상은 집단적 **아크라시아**akrasia, 즉 의지박약으로 이어질 수 있다. 철학자 찰스 테일러 Charles Taylor는 이렇게 말한다. "위험은 실질적인 전제적 통제가 아니라 분열이다. 다시 말해 사람들은 공동의 목적을 세우고 이를 추구하는 능력을 점차 상실하고 있다."[20] 제임스는 『심리학의 원리』에서 이렇게 말한다. "습관을 제외하고 우유부단함밖에 남아 있지 않은 인간만큼 비참한 존재는 없다."[21] 우리는 사회에 대해

서도 똑같은 말을 할 수 있을 것이다.

루소는 사람들이 '특정한 이해관계에 의해… 몇몇 똑똑한 이들의 영향력과 설득에 의해 호도될 때' 집단적 의사결정이 보편적 의지에서 멀어질 수 있다고 주장했다.[22] 물론 이러한 일은 기능적 주의 분산, 혹은 주의 '집중'의 방해를 통해서도 일어날 수 있다. 그러나 루소는 이러한 통제가 사회를 하위 집단으로 구분함으로써 더 자주 발생한다는 점을 지적했다. 이러한 구분은 사람들이 더 광범위한 집단의 '소속감'을 포기하게끔 만든다. 극단적인 형태로 각각의 하위 집단은 서로 지나치게 멀어져 자기 편협성이 강화될 수 있다. 이러한 정체성 분열이 더욱 심오한 형태의 집단주의적 비정당화로 이어지는 방식으로 도덕적인 차원에서 설명될 때, 사회는 특정한 형태의 포퓰리즘으로 나아가게 된다. 이 점에 대해서는 다음 장에서 살펴보자.

그러나 '별빛' 차원에서 이러한 정체성 분열은 무엇보다 인터넷 '반향실'[23], 혹은 스스로 증식하는 '동종 선호의 거품bubbles of homophily'[24]의 문제에 대한 탄식을 자극한다. 하지만 여기서 반향실의 은유는 내가 보기에 핵심 요소를 놓치고 있는 듯하다. 메아리는 돌아오기는 하지만, 결국 그 소리는 사라지기 때문이다. 이에 관해 더 나은 은유를 찾는다면, 마이크 하울링이 될 것이다. 마이크를 스피커에 가까이 갖다 대면 날카로운 소리의 울림이 점점 더 커지고, 이러한 상태를 그대로 방치하면 사람들의 고막이 상하게 된다. 그러한 마이크 하울링의 내용물이 개인적으로든 집단적으로든 우리 자신의 정체성으로 구성될 때, 우리가 기술의 '거울'에서 보게 되는 왜곡된 반영은 휘어진 거울의 특성을 드러내게 된다. 이러한 거울은 우리 자신에 대한 우스꽝스런 모방을 우리에게 보여준다.

'별빛'이 가려지는 방식에 대한 내 고찰은 '주의 분산'의 범위를 행동의 좌절뿐 아니라 지속적인 **존재**의 좌절까지 확대하는 데 도움을 줬다. 이러한 유형의 주의 분산은 우리가 개인적, 집단적 차원에서 이야기를 잃게 만든다. 그러한 일이 일어날 때 우리는 이야기를 되찾기 위해 실질적이고 진정한, 혹은 정당하게 느껴지는 것들을 단단히 붙잡기 시작한다. 그리고 스스로 추구하기를 원하는 가치와 더 높은 목표를 향해 삶의 방향을 새롭게 조정하고자 한다.

그러나 여기서 우리는 적어도 우리가 선택한 별을 따라 살지 않을 때를 알고 있다. 즉 우리는 여전히 이론적으로 오류를 발견하고 그것을 바로잡을 수 있다. 우리가 맞서 싸워야 할 하나의 더 깊은 '주의 분산'의 차원이 존재하는 것으로 보인다. 그건 애초에 우리의 목표와 가치가 무엇인지를 이해하고 정의하는 우리의 능력을 위협하는 유형의 주의 분산을 말한다.

9

햇빛이 가려질 때

인간이 생각의 특권을 포기할 때

자유의 마지막 그림자는 지평선 너머로 사라진다.

— 토머스 페인, 『상식』

세 번째이자 가장 근본적인 주의 차원은 '햇빛'이다. 햇빛은 우리가 애초에 목표와 가치를 정의하도록 해주는, 즉 '우리가 원하는 것을 원하도록 해주는' 일련의 근본적인 역량을 의미한다. 햇빛이 가려질 때 **인식적**epistemic 주의 분산이 발생한다. 인식적 주의 분산이란 우리가 목표를 정의하거나 추구하도록 해주는 근본적인 역량, 즉 숙고와 기억, 예측, 휴식, 사고, 목표 선정 등 민주주의를 위한 필수 역량의 위축을 의미한다. 이는 주의력 경제의 분산이 가장 직접적으로 민주주의 근간을 허물어뜨리는 지점이다.

인식적 주의 분산은 '경험 속 공통적인 구조를 발견하기 위해 다양한 경험에 걸쳐 연관성을 통합하는 일'을 더욱 어렵게 만든다. 그러한 공통성은 "관념과 일반 원칙, 개념, 그리고 상징주의를 형성하며, 이들은 진정으로 장기적인 목표를 위해 요구되는 정교한 '거시적' 사고의 매체다."[1] 개인의 프로젝트와 목표를 효과적으로 계획하기 위한 역량이 부족하면, 자동적인 상향식 절차가 그 역할을 대신한다. 그러므로 극단적인 경우 인식적 주의 분산은 프랑크푸르트가 언급한 '혈기wantonness'를 만들어낸다. 그건 행동을 위한 숙고된, 의도적인 이유를 제거하고 오로지 그에 따른 충동적인 이유만을 남겨놓기 때문이다.[2]

나는 두 가지 이유에서 이러한 유형의 주의 분산을 '인식적'이라 부른다. 첫째, 이는 우리가 합목적적이고 유능한 행위자로서 기능하는 데 필요한 세상(내부와 외부 모두)의 지식으로부터 주의를 분산시킨다. 둘째, 이는 철학자 미란다 프리커Miranda Fricker가 '인식적 부조리epistemic injustice'라고 부른 것을 구성한다. 여기서 인식적 부조리는 '알고 있는 자'가 되기 위한 능력을 지닌 개인에게 피해를 준다(이 경우 세상과 자신을 모두 알고 있는 자).[3] 존재적 주의 분산과 마찬가지로 인식적 주의 분산은 개인의 자율성과 존엄성에 영향을 미친다. 이는 자아가 존재하고 번영하는 데 필수적인 사전조건을 훼손함으로써, 말하자면 기반을 완전히 무너뜨림으로써 자아의 완전성을 해친다.

무엇이 진실인지 이해하는 능력, 혹은 진실의 가능성을 예측하는 능력이 위축될 때 우리의 햇빛은 가려진다. 이는 '가짜 뉴스' 현상을 통해 일어나기도 한다. 콜린스 사전은 가짜 뉴스를 2017년

올해의 단어로 선정하면서 이렇게 정의했다. "거짓된, 종종 화제가 되는, 그리고 뉴스로 위장해 유포되는 정보."[4] 옥스퍼드대학의 한 연구는 2016년 미 대선 기간에 트위터 사용자들이 실제 뉴스 기사보다 '잘못된 정보와 양극화를 부추기는 음모적인 콘텐츠'를 더 많이 게시했다는 사실을 확인했다.[5] 교황은 가짜 뉴스를 '저널리스트의 심장과 다른 이들에게 피해를 주는 중대한 죄악'이라 언급하기까지 했다.[6]

우리의 예측 능력은 또한 주의력 경제에 의해 방해를 받을 수 있다. 예를 들어 통계적 여론 조사 실행이 그 동기에 영향을 받을 때를 들 수 있다. 특히 주요 선거 동안 후보자의 승리 가능성에 대한 사소하고 의미 없는 일상적인 변화는 독자를 궁극적인 목적이 조회 수와 클릭 수를 높이는 것인 웹사이트로 유도하는 '보상'으로 기능한다(이러한 일이 설계에 의해 일어날 때 우리는 그것을 통계적인 클릭베이트statistical clickbait, 혹은 줄여서 스탯베이트statbait라고 부를 수 있다).

햇빛은 지능을 비롯해 다양한 인지적 능력이 감퇴하면서 가려지기도 한다. 휼렛패커드HP의 한 연구는 주의 분산이 지식 근로자의 지능지수를 10포인트 감소시킨다는 사실을 발견했다. 특히 "마리화나를 피운 이들의 경우 두 배 가까이 감소했다"라고 밝혔다.[7] 텍사스대학 연구원들도 스마트폰을 갖고 있는 것만으로 가용한 작업 기억 용량과 기능적 유동성 지능에 부정적인 영향을 미칠 수 있다는 사실을 발견했다.[8]

여기서 중요한 것은 생리학적 영향이다. 가령 '이메일 무호흡증email apnea'에 따른 스트레스를 꼽을 수 있다. 이는 이메일함을 열어보고 읽지 않은 메시지가 많다는 사실을 발견할 때 발생하는 현상으로, 순간적으로 호흡을 멈추게 만드는 '투쟁-도피' 반응을 촉발한다.[9] 게다가 최근 연구 결과는 소셜미디어 활용량 증가를 사회적 불안과 우울, 그리고 기분 저하와 연결 짓고 있다.[10] 불안의 또 다른 원천으로 '사이버콘드리아cyberchondria'라는 현상을 꼽을 수 있다. 이는 "인터넷 검색 결과와 자료 검토를 기반으로 하는 공통적인 증상에 관한 불안의 근거 없는 증가"라고 정의된다. 2009년의 한 연구는 사용자들이 방문한 페이지상에서 불안을 자극하는 용어(클릭베이트 헤드라인처럼 조회 수와 같은 다양한 참여 기준을 높이기 위한)가 그 과정에서 핵심 역할을 한다는 사실을 발견했다.[11]

숙고를 방해하는 것들

숙고는 '우리가 원하는 것'을 결정하는 데 도움을 주는 그러한 유형의 사고에서 핵심적인 요소다. 철학자 크리스틴 코스가드Christine Korsgaard에게 숙고란 우리가 '자신의 믿음과 동기에 의문을 제기하기 위해 스스로 정신적 활동에 주의를 집중하는' 방식을 말한다.[12] 주의의 기술이 우리의 숙고 역량을 방해할 때 우리의 '햇빛'은 정치적으로 특정한 의미를 갖는 방식으로 가려진다. 예를 들어 알림이나 중독적인 모바일 앱은 그게 없었다면 자신의 목표와 우선순

위에 대해 숙고했을 하루 중 짧은 순간을 장악해버린다. 휴대전화 사용자는 그들의 장비를 하루 평균 150회 확인하고[13] 2천600회 이상 '만진다'.[14] 이로 인해 많은 잠재적 숙고가 실현되지 못한다.

숙고라는 과제와 밀접하게 관련 있는 것은 여가 활동이다. 우리는 여가라고 하면 종종 오락을 떠올린다. 하지만 진정한 의미의 여가란 아리스토텔레스가 말한 '주기적인 무념無念'[15]과 유사한 상태다. 개인의 진정한 자아가 형성되는 기반으로 기능하는 것은 바로 이러한 조직화가 되지 않은 여가 시간이다. 이러한 유형의 조직화가 되지 않은 사고는 특히 발달적인 측면에서 아이들에게 중요하다.[16] 철학자 요제프 피퍼Josef Pieper는 1948년 여가는 '문화의 근간', 다시 말해 개인적 가치는 물론 집단적 가치, 그리고 의미가 형성되는 과정이 모습을 드러내는 무의식적 근간이라 주장하기까지 했다.[17]

여가는 고유하게도 사회 제도의 사려 깊은 발견을 위해 필요한 유형의 사고와 숙고를 가능하게 한다. 철학자 한나 아렌트Hannah Arendt는 특히 구축할 만한 가치가 있는 민주주의 시스템의 설계와 관련해 이를 진실이라 봤다.[18] 공개되지 않은 한 강연에서 그녀는 미국의 통치 제도를 만든 이들에 관해 이렇게 말했다.

> 의심할 바 없이 한가한 사람들에 의해, 주인이 없고 생계를 위해 항상 바쁘게 일할 필요가 없는 '문인들'에 의해 자유 그 자체를 위한 열정이 깨어나고 성장했다는 사실은 명백하고 대단히 중요합니다. 다시

말해 그들은 고대 자유민을 지배한 국가적 책무에 참여하지 않고서 아테네와 로마 시민으로 특권을 누렸습니다. 말할 필요도 없이, 인간이 정말 비참한 여건에서 살아가는 곳에서 이러한 자유를 위한 열망은 미지의 것입니다.[19]

아렌트에게 '여가'는 단지 무념이나 숙고 이상을 의미하는 것으로 보인다. 여가를 노동에 반대되는 개념으로 이해했다는 점에서 아렌트는 여가라는 용어를 주의를 집중해야 하는 노동으로부터의 유예와 같은 개념으로 언급한 것이다.

시인 시어도어 로스케Theodore Roethke가 1963년 발표한 시 「쇠약Infirmity」의 한 구절이 떠오른다. "지나치게 분주한 마음은 마음이 아니다/ 심오한 눈은 돌에서 반짝임을 본다…." 생계를 위한 삶은 마음을 지나치게 분주하게 만들 수 있다. 그러나 알림의 재촉, 끝나지 않는 정보 피드, 설득적 호소, 끊임없는 여흥의 선택지, 그리고 디지털 주의력 경제가 우리의 주의를 향해 던지는 모든 유형의 메시지 또한 우리의 마음을 분주하게 만든다. 이는 주의력 경제 요인들과 우리의 상호작용이 어디서, 어떻게 주의를 기울이는 노동 유형으로 인식될 수 있는지, 그리고 이러한 특성이 우리가 여가를 유지하기 위해 기대하는 유형의 자유에 어떤 의미가 있는지를 분명하게 밝힐 기회가 있음을 말해준다.

도덕적 격노의 만연

그러나 오늘날 우리가 디지털 주의력 경제 속에서 보는 색 바랜 '햇빛'의 가장 뚜렷하면서도 중요한 형태는 도덕적 격노의 만연함과 강렬함이다. 도덕적 격노는 일반적인 분노를 넘어선다. 이는 자신이 생각하기에 도덕적으로 경계를 넘어선 사람을 심판하고, 처벌하고, 모욕을 주는 것까지 포함한다. 어떤 잘못된 행동에 대해 그저 화가 나는 것을 넘어서 격렬하게 분노하고 '혐오감'을 느낄 때, 우리는 이러한 도덕적 격노를 가장 분명하게 경험한다.[20]

도덕적 격노는 인류의 진화 과정에서 일찍이 유용한 기능을 했다. 인류가 소규모 유목 집단 형태로 살아갈 때 도덕적 격노는 더 큰 책임과 협동, 그리고 집단 내 신뢰가 가능하게 만들었다.[21] 하지만 사회적 차원, 혹은 세계적 차원에서 도덕적 격노의 확장은 가치 있는 정치를 추구하는 데 매우 중요한 의미를 지닌다. 정보 결핍 환경에서 살았던 과거 전 세계에서 일어나는 도덕적 위반은 일상적인 차원에서 우리의 주의를 놓고 경쟁하지 않았다. 미국과 캐나다에서 진행된 연구에 따르면, 현실 속 도덕적 차원에서 진정으로 잘못된 행동을 경험하게 되는 인구 비중은 5퍼센트 미만에 불과하다.[22] 하지만 스마트폰 시대에는 **누군가** 잘못된 행동을 경험할 때 **모두가** 그것을 잠재적으로 경험하게 된다.

오늘날 일상적인 차원에서 전체 인터넷 세상(즉 우리)은 웹을 통해 흘러넘치거나 '바이러스'처럼 퍼져 나가는 도덕적 위반에 관한 뉴스에 분노를 표출한다. 이러한 '바이럴리티virality', 즉 정보가 네트워크를 타고 대규모로 전파되는 현상은 특정한 유형의 정보 쪽으로 치우치는 경향이 있다. 1960년대 이후 부정적인 뉴스가 긍정적인 뉴스보다 더 빨리, 더 쉽게 퍼져 나가는 현상이 널리 인식되고 있다.[23] 이러한 생각에 기반을 둔 최근 연구는 우리가 특정한 뉴스를 공유할 것인지 말 것인지에 영향을 미치는 것은 정보의 감정 '수가valence', 즉 우리가 얼마나 좋게, 혹은 나쁘게 느끼도록 만드는지뿐 아니라 우리가 경험하는 특정한 감정이 만들어내는 '각성 반응arousal response', 즉 생리적 차원에서 우리를 경계하고 깨어있게 만드는 정도임을 보여준다.[24] 예를 들어 친구들과 공유할 수 있는 두 가지 동등하게 '부정적인' 뉴스가 있다고 해보자. 하나는 자신을 슬프게 하는 것이고, 다른 하나는 화나게 하는 것이라면(당신은 둘 중 하나를 공유하고자 한다), 당신은 화나게 하는 뉴스를 공유할 것이다. 그 이유는 분노는 슬픔보다 더 높은 수준의 각성 반응을 촉발하기 때문이다.

내가 이야기하는 웹상 격노와 관련해 한 가지 사례가 있다. 미네소타의 한 치과의사가 2015년 7월 짐바브웨로 사냥을 떠나, 세실이라는 이름의 널리 알려진 사자를 죽였다. 그는 먼저 세실에게 화살을 쏘았고 (그렇게 들판에서 피를 흘리며 약 40시간을 돌아다니게 한 후) 총을 쏘아서 죽였다. 그러고는 세실의 목을 잘라 성공적인 사냥의 트로피로서 미네소타로 보냈다. 그가 이렇게 세실을 죽이는 데 약 5만 달러가 들었는데, 이는 아마도 불법적인 시도였을 것이다.

세실의 죽음에 관한 이야기가 퍼지자 인터넷 세상은 즉각 분노로 들끓었다. 트위터에서는 세실을 추모하는 해시태그 #CecilTheLion를 단 게시 글이 24시간 만에 67만 개가 올라왔다.[25] 코미디언 지미 키멀은 그 미네소타 치과의사를 "TV에서 젤로Jell-O 광고를 하지 않은, 미국에서 가장 미움받는 인간"이라 불렀다. 배우 미아 패로우는 그 치과병원 주소를 트윗에 올렸다.[26] 많은 사람이 그의 병원 앞에 몰려들어 확성기로 "살인자! 테러리스트!"를 외쳤고, "지옥에서 썩어라ROT IN HELL"고 쓴 피켓을 들고 서 있었다. 어떤 이는 그의 집 벽에 스프레이로 "사자 킬러"라고 쓰기도 했다. 또 다른 이는 그 병원의 웹사이트를 다운시켰다. 전 세계 많은 이들은 옐프 사이트에서 그의 치과 진료에 대해 별점 테러를 했다. 페이스북에서는 1천 명이 넘는 사용자가 가입한, 세실의 복수를 위한 사실상의 관리센터 그룹이 등장했다. 그 그룹의 이름은 다음과 같았다. "부끄러운 사자 킬러 월터 팔머와 리버블러프 치과Shame Lion Killer Dr. Walter Palmer and River Bluff Dental."[27]

아이들이 다른 아이에게 이렇게 할 때 우리는 이를 '괴롭힘', 혹은 '사이버 괴롭힘cyberbullying'이라 부른다. 하지만 누군가를 비난하고 위협하는 주체가 성인일 때 우리는 그저 어깨를 으쓱하거나, 혹은 '인과응보', '짜릿한 복수', '여론의 심판'이라는 말로 동조하기까지 한다. 하지만 그건 여론몰이, 혹은 디지털 마녀사냥 그 이상도 그 이하도 아니다. 오늘날 도덕적 격노의 대상을 더 이상 화형대에 세울 수 없기에 (대부분 지역에서) 그 전반적인 목표는 잘못된 행동에 대해 그들을 상징적, 혹은 평판적 차원에서(**주의적** 차원에서라고도 말할 수 있을 것이다) 파괴하는 것이 된다.

그러나 어떤 위반은 분노나 격노의 대상이 될 만한 자격이 있지 않을까? 분명히 그런 경우가 있다. 한 유명한 차량 스티커에는 이런 문구가 적혀 있었다. "분노하지 않는다면, 당신은 주의를 기울이지 않는 것이다." 도덕적 격노에서 비롯되는 사회적 압박은 때로 우리가 특정한 잘못된 행위에 대해 책임을 물을 수 있는 유일한 수단이 된다.

이는 사회 시스템이 그 역할을 하지 못할 때 더욱 그렇다. 예를 들어 2011년 이집트에서 일어난 도덕적 격노는 호스니 무바라크 대통령을 끌어내림으로써 '아랍의 봄'을 이끌었다.[28] 2012년 무장하지 않은 십대 아프리카계 미국인 트레이번 마틴Trayvon Martin이 총에 맞아 숨을 거두면서 일어난 도덕적 격노는 인종과 총기, 그리고 법 집행의 책임성을 둘러싸고 미 전역에서 일어난 논의에 불을 붙였다.[29] 2017년 할리우드에서 가장 강력한 인물이라 알려졌던 하비 와인스타인에 대한 도덕적 격노는 결국 그때까지 쉬쉬하며 넘어갔던 그가 저지른 성폭행을 둘러싼 많은 여성의 폭로로 이어졌다. 와인스타인이 연예 산업에서 추방을 당하면서, 할리우드를 비롯한 다양한 분야 많은 인사에 대해서도 비슷한 고발이 이어졌다. 이러한 흐름은 직장 내 성희롱과 성차별, 그리고 권력 구조에 대한 광범위한 사회적 숙고로 이어졌다.[30]

그러나 정의가 우리의 목표라면(당연히 그래야 하지만), 이러한 도덕적 격노와 여론 재판 시스템이 목표 달성에 기여하는지는 분명치 않다. 오히려 그 반대 방향으로 나아가는 듯 보인다.

철학자 마사 누스바움Martha Nussbaum은 자신의 책『분노와 용서』에서 분노가 어떻게 도덕적으로 문제가 될 수 있는지 설명한다. 여기서 누스바움은 분노에 대한 아리스토텔레스의 정의를 사용하는데, 이는 내가 앞서 설명한 도덕적 격노의 개념과 대단히 흡사하다. 아리스토텔레스가 말하는 정의란 "자기 자신을 경시할 아무런 타당한 이유가 없는 사람들이 하는 상상의 경시에 따른 상상된 보복을 위한 고통이 수반된 욕망"이다. 누스바움은 '상상의 경시'와 '상상된 보복'이 핵심적으로 사회적 지위 하락의 형태를 취한다고 말한다. 그녀는 이러한 점에서 많은 도덕적인 행동이 **정의** 중심적이 아닌 **지위** 중심적인 결과를 추구한다고 주장한다. 예를 들어 사람들이 성범죄자가 그들의 마을로 이사 오지 못하도록 행동을 취할 때처럼, 미덕을 드러내는 것을 종종 명백하게 유용하거나 신중한 행동으로 가장한다. 누스바움에 따르면, 여기서 실질적인 목표는 '성범죄자의 지위를 낮추고, 자신과 같은 선한 사람의 지위를 높이는 것'이다.

그러나 누스바움이 가치 있는 것으로 보는 한 가지 형태의 분노가 있다. 그건 그녀가 말하는 '전이 분노transition anger'다. 이는 '전이', 혹은 '앞을 내다보는 행복에 대한 생각으로 넘어가는 건전한 전환, 그리고 그에 따라 분노가 동정적인 희망으로 넘어가는 전환'으로 이어지는 분노를 가리킨다. 누스바움은 이렇게 설명한다.

"이성적이고 지나치게 걱정하거나 지위에 집착하지 않는 사람의 경우, 보복이나 응보라고 하는 분노의 개념은 짧은 꿈이나 구름에 불과하며 개인과 사회의 행복에 대한 이성적인 생각이 곧 그 자리를 차지하게 된다." 하지만 주의력 경제 속에서 격노는 이러한 '전이'가 일어날 가능성이 거의 없는 방식으로 흘러넘친다. 그 결과 통제받지 않는 우민 정치, 혹은 여론 재판으로 이어진다.

여기서 누군가는 '군중의 정의'가 정의가 아예 없는 것보다 낫다고 반박할 수 있지만, 누스바움은 이에 동의하지 않을 것이다. 그녀는 이렇게 지적한다. "심각하게 부당한 행위가 있었다고 해도, 우리는 그것을 유치하고 일탈적인 행동을 위한 핑계로 삼아서는 안 된다. 책임은 중요한 가치에 대한 사회적 약속을 드러내는 것이기는 하지만, 그렇다고 보복이라는 마술적인 생각이 꼭 필요한 것은 아니다." 다시 말해 사자 세실을 죽인 것이 잘못된 행동이라 인식한다고 해서, 그리고 그 사건에 관련된 이들에게 책임을 물어야 한다고 해서 반드시 그들에게 망신을 줌으로써 지위를 깎아내리는 행동, 혹은 명예와 생계를 파괴하려는 시도를 요하거나 정당화하지는 않는다.

1838년 젊은 에이브러햄 링컨은 일리노이 스프링필드 라이시엄 연설에서 분노, 그리고 분노가 빚어내는 우민 정치적 충동이 민주주의와 정의에 가하는 위협에 대해 이렇게 경고했다.

> 지금도 나쁜 기운이 우리 곁을 감돌고 있습니다. 이 나라에 만연해

있는 갈수록 심각해지는 법에 대한 경시가 그런 것입니다. 법원의 냉철한 판단을 거칠고 격렬한 열망이 대체하는 경향이 갈수록 증가하는 현상, 그리고 사법부 장관들에게 야만적인 폭도보다 더 나쁜 이들…. 모두가 인정해야 하듯이 이제 이 땅에 널리 퍼진 이러한 우민 정치 작용에 의해 모든 정부, 특히 우리처럼 구성된 정부를 지키는 가장 강력한 보호벽은 실제로 허물어지고 파괴될지도 모릅니다.[31]

링컨은 연설을 이어나갔다. "폭도의 법으로 적절하게 해결할 수 있는 어려움은 없다." 우민 정치적 '정의'는 추구할 만한 가치가 있는 정의가 아니다. 그 이유는 부분적으로 그러한 정치가 빚어내는 결과와 우민 정치가 결과를 빚어내는 방식 때문이다.

법률가들 사이에서는 이런 말이 있다. "정의는 결과가 아니라 절차다."[32] 온라인 세상에서 바이러스처럼 퍼져 나가는 분노를 원동력으로 삼은 우민 정치적 '정의'의 절차는 변덕스럽고, 임의적이고, 불확실한 절차다. 이러한 점에서 『플라톤의 국가론』에서 소크라테스가 설명했듯이, 민주주의 사회가 전제 정치로 넘어가는 선상에 바로 이러한 군중 통치가 있다는 사실은 결코 놀랄 일이 아니다.[33]

안타깝게도 이러한 군중 통치는 주의력 경제의 설계 속에 강하게 스며들어 있다. 이러한 점에서 주의력 경제는 극단주의를 위해 최적화된, 일종의 사회적 차원의 효용 함수라 할 수 있다. 이는 때로 테러리즘으로 모습을 드러내기도 한다. 주의력 경제는 분노를 계속 키우는 극단주의 행위자와 기구, 혹은 집단이 번영할 수 있는 환경을 마련해준다. 미디어 연구자 터바이어스 로즈-스톡웰Tobias Rose-Stockwell은 이렇게 설명한다. "이것은 테러리즘이 우리 삶을 지배하는 불편한 진실이다. 우리는 실제 의도, 즉 **테러**를 위한 신속한 유통 시스템을 마련해놨다."[34]

개인적 차원에서 분노의 번성은 우리 삶 속에 더 많은 공포와 불안을 조성한다. 풍자 뉴스 사이트 디어니언The Onion의 한 기사의 제목은 이렇다. 「블로거는 하루의 뉴스를 보고 화를 내야 할지, 격노해야 할지, 혹은 충격을 받아야 할지 결정하기 위해 잠시 고민을 한다.」[35] 이는 또한 '고착성stickiness', 다시 말해 우리를 '얽어매고' 더 많은 것을 요구하도록 만드는 강박적 효과를 강화한다. 상황이 실제보다 훨씬 더 나쁘다는 인상을 줌으로써 우리가 세상을 바라보는 관점을 왜곡시키기도 한다. 철학자 버트런드 러셀Bertrand Russell은 자신의 책 『자유인의 신앙*A Free Man's Worship*』에서 이렇게 말한다. "분노는 속박이다. 사악한 세상이 우리의 생각을 장악하도록 만들기 때문이다. 반란이 시작되는 욕망의 사나움 속에 현명한 자가 극복해야 할 일종의 자기주장이 있다."[36] 러시아 인터넷연구기관Internet Research Agency의 한 직원은 이렇게 말했다. "날마다 증오의 감정을 키운다면, 언젠가 당신의 영혼이 잡아먹힐 것이다."[37]

포퓰리즘의 유행

주의력 경제가 정치적 분열을 도덕화하는 방식으로 도덕적 격노를 부추길 때, 이는 국민 전체의 '실질적', 혹은 '진정한' 의지를 나타내는 책임을 그 자신의 집단에 요구하는 부족주의적 충동에 길을 열어주게 된다. 정치학자 얀 베르너 뮐러Jan-Werner Müller가 자신의 책 『누가 포퓰리스트인가』에서 지적했듯이, 이는 '포퓰리즘' 이라는 개념의 핵심이다.[38]

최근 몇 년간 우리는 서구 자유 민주주의 사회 전반에 걸쳐 '포퓰리즘'을 그 특징으로 설명할 수 있는 정치적 사건의 물결을 목격하고 있다. 그런데 포퓰리즘이라는 용어의 정의는 끈질기게도 여전히 변덕스럽게 남아있다. 일부는 특히 감정에 호소해 집단행동을 부추기는 정치 스타일을 의미한다. 다른 일부는 반엘리트주의를 의미하고, 또 다른 일부는 반다원주의를 의미한다. 그리고 암묵적으로 문제가 되는 정치 유형을 의미하기도 한다. 이처럼 포퓰리즘에 대한 우리 사회의 인식은 크게 분열되어 있다.

뮐러는 이와 관련해 유용한 수정안을 제시한다. 그는 자신의 책에서 포퓰리즘에 대해 이렇게 말한다. "특정한 형태의 **정치에 대한 도덕주의적 상상**이며, 정치적 세상을 도덕적으로 순수하고 완전히 통합된… 부패하고, 혹은 어떤 측면에서 도덕적으로 열등한 엘리트 집단에 맞선 국민으로 이뤄진 것으로 이해하는 방식이다." 그는 또 이렇게 말한다. '포퓰리즘은 특정한 유형의 도덕적 주장을 하는 것에 관한 개념이며', 말하자면 '오직 일부 국민만이 진정한 국민'이라는 것이다. 루소는 자신의 책 『사회계약론』에서 다음과 같은 위험을 경고한다. "특정한 의지가 국민의 보편적 의지를 대체할 수 있다." 이러한 점에서 뮐러가 말하는 포퓰리즘이라는 개념은 도덕적 차원에서 설명된 집단적 정체성의 분열이라 말할 수 있다. 그러나 루소의 보편적 의지가 발전하기 위해서는 "시민의 실질적인 참여가 필요한 반면, 다른 한편으로 포퓰리스트는 가령 **진정한 미국인**이 무엇을 의미하는지를 바탕으로 국민의 정확한 의지를 예측하고자 한다."

이와 관련해 UC버클리 인지언어학자 조지 러코프George Lakoff의 연구는 큰 의미가 있다. 그는 오랫동안 가족 시스템 구조를 몸의 정치로 투영함으로써 미국 정치를 이해하는 방식에 주목해야 한다고 주장해왔다. 여기서 우파는 '엄격한 아버지'고 좌파는 '양육하는 어머니'다.[39] (2004년에 공화당에 투표한 것과 가장 상관관계가 높은 견해 중 하나는 체벌, 혹은 자녀의 '엉덩이 때리기'에 대한 지지였다는 점에 주목해야 한다.)[40] 러코프는 이렇게 설명한다. "기본 개념은 권위는 도덕성에 의해 정당화되고, 질서정연한 세상에서 전통적으로 지배해왔던 이들이 지배를 해야 하는 도덕적 수직 체계가 존재해야 한다는 것이다." 그는 설명을 이어나간다. "그 수직 체계는 신이 인간 위에, 인간이 자연 위에, 부자가 빈자 위에, 고용주가 고용인 위에, 성인이 아동 위에, 서구 문화가 다른 문화 위에, 그리고 우리 국가가 다른 국가들 위에 존재한다는 것이다. 수직 체계는 또한 남성이 여성 위에, 백인이 유색인종 위에, 기독교인이 비기독교인 위에, 이성애자가 동성애자 위에 존재하는 것으로 확장된다." 그의 이야기는 계속된다. "이것은 '자연적' 질서이므로 논쟁 대상이 아니다."[41]

최근 정치적 스펙트럼 전반에 걸쳐 이러한 정의에 기반을 둔 포퓰리즘 사례는 어렵지 않게 발견할 수 있다. 우파의 경우 미국 시골 지역 유권자를 '진정한 미국인'이라 부르며 호소한 사례, '버서리즘birtherism'(버락 오바마는 미국에서 태어나지 않았기 때문에 적법한 대통령이 될 수 없다는 주장 - 옮긴이), 혹은 영국의 '브렉시트' 투표를 '진정한 국민을 위한 승리'라고 환영한 정치인 나이절 패라지Nigel Farage의 사례에서 확인할 수 있다. 좌파의 경우 '99퍼센트'에 대한 호소(함께한다면 우리는 국민이다)뿐 아니라 정체성 정치의 다양한 형태 속에서 확인할 수 있다.

뮐러는 이렇게 말한다. 포퓰리스트는 "(보편적인 제도는 아니라고 해도) 정확하게 '제도의 적'으로 설명할 수 있다." 오직 '배타적인 도덕적 표현에 대한 그들의 주장을 정당화하지 못하는 표현 메커니즘'의 적으로서 말이다. 이러한 점에서 2016년 미 대선 이후 선거인단제도(힐러리 클린턴은 선거인단 투표에서는 졌지만, 총득표수에서는 이겼다)를 폐지하자는 좌파의 요구는 마찬가지로 중간 규제 제도를 제거하고자 하는 '충동적인' 욕망으로 해석할 수 있다. "샤를 몽테스키외Charles-Louis de Secondat와 알렉시 드 토크빌Alexis de Tocqueville 이후 자유주의자들이 한때 온건한 영향(우리가 중간 제도라고 부르는 것)으로 칭송한 모든 것이 정치학자 나디아 우르비나티Nadia Urbinati가 말한 '직접적인 표현'을 지지하며 사라지고 있다."

중요한 것은 뮐러가 정치적 위기가 포퓰리즘을 양산하는 것은 아니라고 지적했다는 점이다. "(경제적, 사회적, 혹은 궁극적으로 정치적) 위기가 자동적으로 이러한 형태의 포퓰리즘으로 이어지는 것은 아니다." 포퓰리즘은 '좌절'과 '분노', 혹은 '분개'의 탓으로만 돌릴 수도 없다. 그러한 견해를 취하는 것은 무자비할 뿐 아니라 가식적인 것이 될 수 있으며, 심지어 시민으로서 개인의 의무 유기로 이어질 수 있다. 뮐러는 이렇게 말한다. "그 논의를 사회심리학으로 넘겨 버리는 (그리고 분노하고 좌절한 이들을 정치적 요양소의 잠재적 환자로서 바라보는) 것은 합리적 사고를 요구하는 기본적인 민주주의 책무를 외면하는 일이다."

그러나 디지털 주의력 경제 속 기술은 분노와 혁명의 격정을 넘어서 정치적 입장을 취하는 데 필요한 합리적 사고와 숙고, 혹은 이해를 강화하지 않는다. 아랍의 봄이 시작되는 과정에서 중요한 역할을 담당한 페이스북 그룹을 만든 이집트 인터넷 활동가 와엘 고님Wael Ghonim은 〈두려움의 알고리즘The Algorithms of Fear〉이라는 제목의 대담에서 이렇게 말했다.

인터넷을 사용하는 우리는 이제 좋아하거나 분노합니다. 그러나 (알고리즘 차원에서) 사람들이 우리가 필요로 하는, 그리고 시민 사회의 발전에 도움을 줄 합의 기반의 생산적인 논의에 참여하도록 만들지는 못하고 있습니다. 생산적인 논의는 마땅히 누려야 할 (언론) 유통의 이익을 누리지 못하고 있습니다. 우리는 사람들이 하나의 사회로서 우리를 도울 수 있다고 만족하도록… 서로에 대한 비난 없이 함께 뭉치도록 만들지 못하고 있습니다…. 당신은 사람들로부터 최고를 이끌어내기 위해 설계된 알고리즘과 경험을 만들어낼 수 있습니다. 그리고 최악을 이끌어낼 알고리즘과 경험을 만들어낼 수도 있습니다. 최고를 이끌어낼 경험을 만들어내는 것은 시민 기술자로서 우리의 몫입니다. 우리는 할 수 있습니다. 그리고 지금 해야만 합니다.[42]

기술이 설계를 통해 이끌어내야 할 인간의 가장 좋은 부분은 무엇일까? 시스템은 우리에게서 분노 대신에 무엇을 이끌어내야 할까? 누스바움을 이렇게 말한다. "우리가 목표로 삼아야 할 정신은 다양한 이름으로 불린다. 그리스어로는 필로프로수네*philophrosunē*, 로마어로는 후마니타스*humanitas*, 성경에서는 아가페*agapē*, 그리고 아프리카어로는 우분투*ubuntu*라고 불린다. 그건 악을 집요하게 떠벌리는 것이 아니라 선을 바라보고 추구하는 끈기 있는 기질을 뜻한다."

물론 문제는 '선을 바라보고 추구하는 끈기 있는 기질'은 사람들의 시선을 사로잡지 못하기에 광고를 판매할 수 없다는 사실이다. 반면 '악을 집요하게 떠벌리는 것'은 그럴 수 있다. 현재 상황에서 주의력 경제 시스템은 구조적으로 가장 숭고한 목적과 추구할 만한 가치가 있는 덕목을 약화하도록 만들어져 있다. 다시 한

번 말하지만, 분노는 나쁜 것이 아니다. 분노는 충분히 이해할 만한, 부조리에 대한 인간적 반응이며, 어떤 면에서 우리를 행복하게 만들기도 한다.[43] 그러나 주의력 경제는 '화'를 이끌어낼 많은 동기를 포함하고 있지만, '전이'를 이끌어내기 위한 동기는 포함하고 있지 않다. 이런 이유로 분노는 세계적 차원까지는 아니라고 해도 사회적 차원에서 재빨리 우민 정치로 흘러갈 수 있다.

디지털 주의력 경제는 주의의 '햇빛'을 훼손함으로써 민주주의와 정의의 근간에 직접적인 악영향을 미친다. 개인적, 집단적 차원에서 자기결정권을 위한 필요조건인 근본적인 역량을 무력화시킨다. 사실 우리가 이러한 근본적인 역량을 인간 고유의 지침으로 삼는 한, 인식적 주의 분산이 **말 그대로** 인간성을 말살시킨다는 대단히 실질적인 인식이 존재한다.

3부

주의의 자유

10

첫 번째 전쟁터

기술은 끊임없는 사회 혁명을 의미한다.

— 마셜 매클루언, 『기계 신부』

흥미롭게도 언어는 좀처럼 사라지지 않는다. 지구가 태양 주위를 돈다는 사실을 알면서도 우리는 여전히 '해가 뜬다'라고 말한다. 이러한 점에서 우리가 인간 역사에서 생각과 행동을 형성하는 가장 크고, 강력하며, 집중화된 시스템을 물려받았음에도 여전히 그것을 제대로 부르지 못하고 있다는 사실은 그리 놀랄 일이 아니다. 우리는 이러한 시스템을 지금도 '정보', 혹은 '통신' 기술이라 부르고 있다. 그 시스템은 전반적으로 우리에게 정보를 주기 위해, 혹은 우리의 의사소통을 돕기 위해 설계된(적어도 분명히 인간적인 방식으로) 것이 아님에도 말이다. 우리는 가짜 뉴스에 대해, 그리고 여러 가지 성가신 콘텐츠에 대해 분통을 터뜨린다. 그것이 매체 자체의 본질적인 문제에 집중하는 일보다 더 쉽기 때문이다.

그 본질적인 문제란 다름 아닌 이런 것이다. 아무도 묻지 않은 질문에 대한 대답이고, 그 목표는 우리의 목표가 아니며, 우리의 주의를 제멋대로, 그리고 무자비하게 쓸어 담기 위해 설계된 기계라는 사실이다.

어디에나 존재하고, 휴대 가능하며, 네트워크로 연결된 범용 컴퓨터가 확산되면서 이러한 산업화된 설득 시스템이 다른 모든 사회적 시스템을 우회해 우리의 주의력으로 곧바로 접근할 수 있는 문이 열렸다. 이 시스템은 우리가 깨어있는 시간의 3분의 1 이상을 차지하고 있다. 오늘날 수십 명의 사람 손에 수십억 인구의 주의적 습관, 즉 삶을 형성할 수 있는 권력이 주어져 있다. 이는 핵심적인 정치적 문제가 표현에 대한 관리나 검열을 수반하는, 그러한 상황은 아니다. 이러한 시스템이 우리 삶에 미치는 총체적인 영향은 과거 커뮤니케이션 매체의 영향과 조금도 비슷하지 않다. 그 영향은 오히려 종교가 우리에게 미치는 영향과 더 가깝다. 그 시스템은 세계관을 주입하고, 특정한 행동 방식과 가치를 습관화하고, 부족주의적 충동에 호소하고, 이성과 의지를 최면적으로 포기하도록 만들고, 그리고 어디에나 존재하고 전지전능한 것처럼 보이는 힘이 우리 편이라고 조금의 검증도 없이 확신하도록 만들고 있다.

인간의 주의를 둘러싸고 벌어지는 치열한 경쟁은 질적인 차원에서 완전히 새로운 유형의 문제를 만들어내고 있다. 어디에나 존재하고, 항상 연결되어 있는 사용자 인터페이스UI는 물론 측정과 실험, 추적, 분석이 가능한 정교한 시스템을 통해 산업화된 글로벌 설득 프로젝트는 이제 지배적인 비즈니스 모델이자 인터넷의 설계 논리로 자리 잡았다. 지금까지 '주의 분산'의 문제는 사소한 짜증 정도로 취급되었다. 하지만 우리의 주의를 둘러싼 경쟁과 사용자 '설득'은 궁극적으로 의지의 조작이라는 프로젝트 단계로까지 이르렀다. 그럼에도 이러한 문제를 논의하기 위한 용어가 현재 부족한 상태이며, 그렇기에 우리는 그 문제를 깊이 있게 인식하지 못하고 있다. 이 문제는 개인적 차원에서 삶의 자율성을 위협한다. 집단적 차원에서는 사람들 이야기의 진정성을 훼손하고, 그 집단이 가족이든 공동체든 국가든 혹은 인류 전체든 구성원을 하나로 묶는 공동의 이익과 목표를 모호하게 만든다. 어떠한 측면에서 이러한 사회적 시스템은 이미 마비가 되었다. 그 과정에서 정치적 정당성의 근간이라 할 수 있는 인간 의지의 작용 역시 마비되고 훼손되었다.

인간을 컴퓨터에 비유하는 무차별한 관점은 오늘날 인간의 미래에 대한 잘못된 예측의 거대한 늪이다. 만약 사람이 컴퓨터라면, 인간의 정보 처리 능력에 대한 디지털 주의력 경제의 침투는 디도스DDoS(Distributed Denial-of-Service) 공격쯤으로 설명해야 할 것이다. 디도스 공격의 경우 공격자는 자신이 통제하는 많은 컴퓨터를 가지고 목표 컴퓨터에 수많은 요청을 반복적으로 전송함으로써 목표 컴퓨터가 다른 컴퓨터와 커뮤니케이션할 수 있는 능력을 실질적으로 완전히 무력화시킨다. 이러한 점에서 우리의 주의를 독

점하기 위한 경쟁은 인간 의지에 대한 디도스 공격과 같다.

실제로 주의력 경제가 인간의 욕망과 행동, 판단, 그리고 궁극적으로 삶을 포착하고 이용하기 위해 궁리하는 한, 주의력 경제는 일종의 인신매매라고 볼 수 있다. 유럽연합집행위원회European Commission가 지원한 2015년 보고서 「온라이프 선언문The Onlife Manifesto」은 이렇게 밝힌다. "시장에서 장기가 거래되어서는 안 되는 것처럼, 우리의 주의적 능력 또한 보호를 받아야 마땅한 가치가 있다. … 그건 충분한 정보와 더불어 선택권을 제시하는 것에 더해 기본적인 설정과 기술의 다양한 설계 측면에서 우리의 주의를 존중하고 보호해야 한다." 그 보고서는 "주의 그 자체를 상호 교류를 강화하고 의미 있는 행동을 수행할 능력을 뒷받침하는 인간 본연의 특질로서" 많은 관심을 기울여야 한다고 촉구한다.[1]

오늘날 우리는 헉슬리 시대와 마찬가지로 '주의 분산을 향한 무한에 가까운 욕망'을 고려하지 못하고 있다.[2] 글로벌 주의력 경제, 다시 말해 설계 방식대로 정확하게 임무를 수행하는 많은 디지털 기술은 개인적, 집단적 차원에서 인간의 의지를 위축시키고 민주주의 근간을 허물어뜨리고 있다. 글로벌 주의력 경제는 우리에게 방향을 제시하지만, 우리를 충족시키거나 지지하지는 않는다. 그건 우리의 편에 서 있지 않은 '주의 분산' 시스템이다.

이 시스템은 새로운 마음의 왕국이며, 그것과 우리는 현재 주의적 농노제attentional serfdom의 관계에 있다. 이 관계를 재편하는 일은 두 가지 면에서 '정치적인' 과제다. 하나는, 매체는 우리가 역사적으로 '정치적인' 것으로 받아들여온 문제를 이해하고 거기에 참여하는 렌즈이기 때문이다. 다른 하나는, 매체는 이제 우리가 우리 자신을 포함해 **모든 것**을 바라보는 렌즈이기 때문이다. 루소는 자신의 책 『정치경제론』에서 이렇게 말한다. "가장 완전한 권한은 인간 내면에 침투하는, 그리고 그의 행동만큼이나 의지에도 영향을 미치는 형태의 권한이다." 이는 오늘날 정보 기술, 즉 주의의 기술이 우리에 대해 갖고 있는 권한의 유형이기도 하다. 그렇기 때문에 우리는 그 기술을 첫 번째 정치적 싸움의 장소, 즉 정치를 뒷받침하는 정치로서 이해해야 한다. 우리의 주의와 삶을 인도하는 전제주의적 힘을 먼저 재편하지 않고서는 추구할 만한 가치가 있는 정치적 개혁을 이룩하는 일은 불가능하다.

설득 기술은 AI 시대 킬러 앱

미래를 내다볼 때 디지털 주의력 경제가 인간 삶에 대해 갖는 힘은 더욱 커질 것으로 보인다. 우리의 일상적인 경험은 점차 더 작고, 빠르고, 흔하고, 지능적이고, 그리고 매력적인 디지털 주의력 경제 진입점에 의해 중재되고 안내될 것이다. 내가 처음 사용했던 웹브라우저 모자이크Mosaic를 개발한 마크 앤드리슨Marc Andreessen은 2011년 이렇게 말했다. "소프트웨어가 세상을 먹어치우고 있다."[3] 게다가 앞으로 무인자동차와 같은 첨단 기술이나 보편적 기본 소득과 같은 경제 정책이 결실을 맺고 가용한 여가 시간의 양이 증가하면, 우리 삶에서 현금화할 수 있는 주의의 규모는 크게 늘어날 것이다.

또한 설득 기술은 AI를 위한 '킬러 앱'이 될 수 있다. "AI는 새로운 UI다"라는 주문은 현재 진행 중인 차세대 인터페이스(애플 시리, 아마존 알렉사, 혹은 구글 홈) 설계에 많은 정보를 주고 있다. 똑똑하고 편리한 인공 비서가 현실화할수록 그 시스템의 논리와 가치는 점차 인식의 표면 아래 자동화 층으로 들어가고 사용자, 혹은 그 시스템 설계에 의문을 품는 이들은 인식조차 어려워질 것이다. 역사상 가장 정교한 AI 시스템과 우리의 공통적인 상호작용은 이미 설득의 맥락에서 일어나고 있으며, 소위 '프로그래매틱 programmatic' 광고(자동화 프로그램을 통해 거래되는 디지털 광고 – 옮긴이)에서 AI 활용은 더욱 가속화될 전망이다.[4]

그 주된 이유 중 하나는, 광고는 곧 많은 단기적인 비즈니스 이해관계가 존재하는 지점이라는 사실이다. 최첨단 AI 연구개발은 이제 주요 비즈니스 모델이 광고인 기업의 밀실에서 이뤄지고 있다. 그렇기 때문에 그들이 개발한 혁신을 그들의 비즈니스를 키우는 데 활용하는 것은 너무도 자연스러운 현상이다. 예를 들어 구글 딥마인드DeepMind 사업부가 그들이 개발한 '알파고' 시스템을 적용한 첫 번째 프로젝트는 유튜브의 영상 추천 알고리즘을 개선하는 일이었다.[5] 다시 말해 바둑에서 인간 세계 챔피언을 물리친 시스템을 가동한 AI가 이제 화면 건너편에 앉아서 우리가 최대한 오랫동안 유튜브를 시청하도록 유도하는 영상을 제시하고 있는

셈이다.

그러나 광고와 AI의 긴밀한 관계는 오늘날 광고가 최첨단 AI 연구개발이 이뤄지는 비즈니스 환경이라는 부수적인 사실을 넘어선다. 특히 광고의 문제 공간은 AI의 역량과 완벽하게 잘 어울린다. AI는 우리가 도저히 이해할 수 없는 다양한 정보(가령 맥락적, 행동적 정보와 사용자 신호)를 레이저처럼 날카롭고 분명한 이원적 목표(종종 언급되듯이 구매, 혹은 '전환')와 결합시킨다. 이는 게임이 AI를 테스트하고 개선하는 주요한 영역이 된 이유일 것이다. 이론적 관점에서 체스나 〈아타리2600Atari 2600〉과 같은 게임을 하도록 알고리즘을 훈련하는 과정은 광고를 효과적으로 실행하도록 알고리즘을 훈련하는 과정과 매우 흡사하다. 두 가지 모두 구조화되지 않은 엄청난 규모의 데이터와 씨름하고, 그러한 데이터를 기반으로 행동에 착수함으로써 단일 변수에 의해 드러난 기대 보상을 극대화하기 위해 알고리즘이 환경과 상호작용을 하도록 훈련하는 과제를 수반한다.

매클루언이 자신의 책 『미디어의 이해』에서 제시한 알쏭달쏭한 설명 뒤에는 광고와 알고리즘의 자동화 사이 친밀한 관계에 관한 직관이 자리 잡고 있었을 것이다.

그 문제를 갑작스럽게 꺼내자면, 광고 산업은 자동화라는 원리를 사회 곳곳으로 확장하려는 무차별한 시도다. 이상적인 차원에서 광고는 모든 인간의 충동과 야망, 그리고 노력 사이 프로그래밍이 된 조화를 목표로 추구한다. 광고는 수작업 방식을 활용해 집단적 의식이라는 궁극적인 전자적 목표를 향해 뻗어나간다. 모든 생산과 모든 소비가 모든 욕망, 모든 노력과 더불어 사전에 마련된 조화로 이동할 때, 광고는 그 자신의 성공에 의해 사라져 버릴 것이다.[6]

매클루언이 여기서 무엇을 '올바로', 혹은 '잘못' 이해했는지 묻는 것은 쓸모없을 뿐 아니라 가능하지도 않을 것이다. 그의 스타일을 감안할 때 이 주장은 '탐사'로 이해할 수 있다. 어쨌든 분명한 사실은 그가 광고에 관한 두 가지 잘못된 가정을 하고 있다는 점이다. 하나는, 광고 시스템, 혹은 그 요소는 모두 목표와 조화를 이룬다는 것이다. 다른 하나는, 인간의 욕망은 다른 시스템 구조와 균형을 이룰 정도로 그 양이 한정되어 있다는 것이다. 그러나 우리가 목격하고 있는 현대적 광고의 시작은 기존의 욕구를 계속 충족시키고자 할 뿐 아니라 새로운 욕구를 창조해내고자 한다. 사람들의 필요와 요구를 충족시킬 뿐 아니라 이전에 존재하지 않았던 새로운 필요와 요구를 만들어내고자 한다.

매클루언은 광고를 특정한 자동화의 한계에 도달할 때 일종의 사회경제적 항상성으로 자리 잡고, (규제되지 않는 것처럼 보이는) 효율성 수단을 통해 충분함의 단계에 이르는 폐쇄적인 시스템으로 이해했다. 물론 광고가 지속적인 성장의 끝을 향하고 있는 한, 효율성이라는 도구는 충분함이나 체계적 조화와 같은 것을 위해 최적화될 것 같지는 않다. 마찬가지로 인간 삶의 특정한 부분이 예측이라는 광고의 도구가 틀렸음을 입증하는 한(나는 언제나 그럴 것으로 생각한다), 그것이 전체적인 체계적 조화를 위해 최적화될 수 있을 것 같지는 않다. 이는 우리가 애초에 표준화된 유형의 힘(혹은 더 광범위하게 '알고리즘')으로서 '자동화'에 대한 상상되고 추상화된 비전을 제거하고, 대신에 실제로 우리에게 모습을 드러내는 자동화의 특정한 사례, 즉 우리가 현재 디지털 광고의 전쟁터에서 발견하는 가장 앞선 구현에 주목하도록 만든다는 점에서 매우 좋은 것이다.

미래를 내다볼 때 디지털 주의력 경제 속 기술은 우리를 더 효과적으로 설득하기 위해 우리를 더 친밀하게 이해할 태세를 갖추고 있다. 이미 250가지가 넘는 안드로이드 모바일 게임 장비는 사용자의 주변 환경으로부터 들려오는 소리를 듣고 있다.[7] 이러한 시도는 언젠가 우리의 내적 환경으로 귀를 기울이는 방향으로 확장될 것이다. 페이스북은 2015년 컴퓨터와 스마트폰 카메라로부터 긍정적인 감정과 부정적인 감정을 추적하는 기술에 대한 특허를 출원했다.[8] 과거 미 국방부 산하 방위고등연구계획국DARPA을 이끈 페이스북 연구원 리기나 두건Regina Dugan은 2017년 4월 열린 연례 세계개발자회의 F8 컨퍼런스에서 페이스북의 뇌-컴퓨터 인터페이스 개발을 주제로 토론한 바 있다.[9]

두건은 이것이 사람들의 생각에 침투하는 것이 아님을 강조했다. 이러한 부인은 페이스북처럼 거대한 소셜네트워크의 프라이버시 침해에 대한 대중의 우려를 감안할 때 매우 중요한 의미를 갖는다. 대신 페이스북은 다음과 같은 공식 발표를 내놓았다. "이는 사람들이 이미 공유하기로 한 이야기를 뇌의 언어 중추로 전송함으로써 그것을 해석하는 기술이다. 이렇게 생각해보자. 우리는 많은 사진을 가지고 있고 그중 일부를 공유하기로 선택한다. 마찬가지로 우리는 많은 생각을 갖고 있고 그중 일부를 공유하기로 선택한다."[10]

페이스북은 뇌의 언어 중추에서 수집한 정보를 광고 목적으로 사용할 계획을 마련하고 있는지에 대해 밝히기를 거부했다.

정치를 뒷받침하는 정치

오늘날 우리는 인간 삶의 모든 차원에 걸쳐, 즉 지구적, 사회적, 조직적, 개인적 차원에서 거대한 도전 과제에 직면해 있다. 이러한 도전 과제를 해결하기 위해서는 올바른 대상에 올바르게 주목해야 한다. 정보 기술의 주요한 기능은(주요한 목적은 아니라고 해도) 바로 이러한 목적에 기여해야 한다.

그러나 그 모든 정보적 혜택에도 불구하고, 디지털 기술의 급속한 확산은 거시적 차원에서 우리의 주의를 방해하고, 이제 막 그것을 이해하고 완화하기 시작하는 일련의 인지 행동적 외부 효과 cognitive-behavioral externality를 일으키고 있다. 정보 기술이 인간 삶을 에워싸면서 글로벌 설득 산업이 그 구조를 신속하게 지배하고, 사실상 무제한적인 방식으로 측정과 실험, 자동화, 그리고 설득적 설계 기술의 전례 없는 진보를 추진하기 위해 그 구조를 활용하는 환경이 조성되었다. 이러한 절차는 신속하게 진행되고 있지만, 우리는 이미 깨어있는 시간의 상당 부분을 우리 삶에서 자신들이 차지하는 비중을 극대화하기 위해, 그리고 실제로 자신들이 포착할 수 있는 영역을 확대하기 위해 서로 경쟁하는 기술에 내맡기고 있다.

이 과정은 우리를 움직이게 만드는 내성intolerability의 한계를 넘어서지 않을 것으로 보인다. 이는 이미 시작되었고, 점차 진화하고 있다. 우리가 지능적인 글로벌 설득 시스템에 어떻게 안주하게 되었는지 보여주는, 하늘에서 내려오는 목소리나 빛은 없을 것이다. 잘못을 깨닫게 될 일도, 커튼을 잡아당겨 레버를 붙잡고 있는 잠재적 마법사의 실체를 드러낼 토토도 없을 것이다. 이러한 상황의 심각함과 유지 불가능성에 대한 갑작스러운 깨달음도 없을 것이다.

언론인이자 교육가인 밀턴 마이어Milton Mayer는 이러한 점진적인 정상화 절차가 어떻게 제삼제국 치하의 삶조차 별일이 아닌 것처럼 느껴지도록 만들었는지 설명한다. 그는 자신의 책 『그들은 자신들이 자유롭다고 생각했다*They Thought They Were Free*』에서 이렇게 말한다.

그러나 수십, 혹은 수백, 혹은 수천 명의 사람이 당신과 함께하게 되는 한 가지 거대한 충격적인 사건은 일어나지 않는다. 그것이 어려운 점이다. 체제 전체의 마지막이자 최악의 행동이 처음이자 가장 현명한 행동에 곧바로 뒤이어 왔더라면, 수천수만의 사람들은 완전히 충격을 받았을 것이다. 물론 그런 일은 일어나지 않았다. 그사이 수백 개의 작은 발걸음이 오고, 그중 일부는 알아차릴 수 없으며, 그들 각각은 당신이 다음번에 충격을 받지 않도록 준비하게 해준다. … 그리고 어느 날, 너무 늦게 당신의 원칙들이(당신이 그것들을 이해한다면) 모두 당신에게 달려든다. 자기기만의 짐은 지나치게 무거워지고, 어떤 사소한 사건(내 경우 '유대인 돼지'라고 말하는 아기에 지나지 않는 꼬마)이 그것을 갑작스럽게 허물어뜨리고, 당신은 모든 것, 모든 것이 변하고 자신의 눈앞에서 완전히 바뀌었다는 것을 이해한다. … 이제 당신은 증오와 공포의 세상에서 살아가고, 미워하고 두려워하는 사람들은 그것을 인식조차 하지 못한다. 모두가 바뀌면 아무도 바뀌지 않은 것이다. … 그 시스템 자체는 애초에 그렇게 의도하지는 않았지만, 스스로를 지키기 위해 끝까지 갈 수밖에 없었다.[11]

사람들의 삶을 더 나쁘게 만들기 위해 노력하는 설계자는 없다. 나는 민주주의 근간을 허물어뜨리기 위해 노력하는 소프트웨어 엔지니어나 프로덕트 매니저를 알지 못한다. 사회를 더 분노하고 두려워하게 만들기 위해 노력하는 디지털 마케팅 관리자를 만난 적도 없다. 디지털 주의력 경제 속 누구도 주의의 빛을 가리기를 원치 않는다. 하지만 시스템은 스스로를 지키기 위해 끝까지 갈 수밖에 없다.

이는 견딜 수 없는 상황이다. 그러면 무엇을 해야 하는가? 디오게네스가 알렉산드로스에게 했던 것처럼 우리도 우리 시대 선의를 가진 알렉산드로스들을 올려다보면서 "주의의 빛을 가리지 말라"고 말해야 한다. 알렉산드로스는 자신이 디오게네스의 햇빛을 가리고 있다는 사실을 알지 못했다. 그런 생각을 해본 적이 없었기 때문이다. 그는 디오게네스의 목표나 자신이 가리고 있는 것이 아니라 오로지 **자신의** 제안과 **자신의** 목표에만 집중했다. 마찬가지로 오늘날 디지털 기술 개발자들은 그들이 우리의 주의의 빛을 가리고 있다는 사실을 알지 못한다. 그런 생각을 해본 적이 없었기 때문이다. 그들은 우리의 목표나 그들이 우리 삶 속의 중요한 '빛'을 가리고 있다는 사실이 아니라, 오로지 **그들의** 목표와 **그들이** 원하는 효과에만 주목한다.

우리가 올바른 방식으로 대응한다는 것은 디지털 기술 설계를 우리의 자유와 자기결정권을 쟁취하기 위한 첫 번째 전쟁터로 바라본다는 의미다. 우리의 주의 세상을 형성하고 그 자신의 목적에 따라 후속 효과를 지시하는 정치를 **뒷받침하는** 정치처럼 말이다. 그러나 이 새로운 형태의 권력은 일반적인 이름으로 통하지 않고, 일반적인 규칙을 따르지 않는다. 이러한 권력을 휘두르는 이들은 고통을 참으며(그러한 주장의 완강한 인지적 부조화에도 불구하고) 어떠한 거대한 정치적 권력도 휘두르지 않는 척한다. 그러나 그들은 명백하게도 그렇게 하고 있다.

우리가 올바른 방식으로 대응한다는 것은 또한 궁극적으로 시스템을 개선함으로써 이러한 기술이 이미 그들이 주장하는 것처럼 **우리 편에 서도록** 만든다는 의미다. 주의 기술의 구조와 제한을 우리의 정치 시스템 구조와 제한과 조화를 이루도록 만드는 일은 다급한 과제다. 이를 위해 우리는 주의적 농노제의 힘을 거부하고, 당당하게 주의의 자유를 주장하고 지키려는 지속적인 노력이 필요하다.

11 괴물과 은행

민감하고 비판적인 독자라면 여기서 내가 디지털 주의력 경제 **문제**에는 지나치게 많은 시간을 할애하면서, 그 **혜택**에 관해서는 충분히 다루지 않는다며 항의할지도 모른다. 그 지적은 일리가 있다. 이는 설계에 따른 것이다. 그러한 독자는 이렇게 물을 것이다. "우리는 이러한 기술에 대해 공평하게 평가해야 하지 않을까? 그 비용과 함께 혜택에 대해 충분히 고려해야 하지 않을까? 목욕물을 버리면서 아기까지 버리는 실수를 저지르지 않도록 주의해야 하지 않을까?"

아니다. 그래서는 안 된다. 이러한 관점으로 나아가는 것은 기술이 처음부터 우리에게 적대적이라는 사실을 용인할 수 있다는 가정을 인정하는 것이다. 그건 기술이 그 과정에서 우리에게 몇 가지 위안의 보상을 던져주는 한, 우리는 우리 편이 아닌 설계를 참아내야 한다는 주장에 대한 암묵적인 동의로서 작용할 것이다. 그러나 적대적인 기술은 '기술'이라고 이름을 붙일 가치조차 없다. 나는 도덕적, 혹은 실천적 차원에서 우리가 그러한 기술을 참아내야 하는 이유를 이해하지 못한다. 설령 그러한 이유가 있다고 해도, 나는 우리가 기술에 저항하고 그것을 개선해나가는 것이 도덕적으로 책임 있는 행동이라 생각한다. 밝은 희망은 권력을 빼앗긴 자들에게 위로를 줄 수 있지만, 나는 우리가 기술에 대해 아직 희망을 품을 단계에 있다고 생각하지 않는다.

당신은 또한 이렇게 반박할 것이다. "이러한 구조는 **정말로** 완전히 생소한 것일까? 디지털 주의력 경제는 **정말로** 인간의 자유에 근본적으로 새로운 위협을 가하고 있는 것일까?" 물론 인간의 주의를 포착하고 유지하기 위한 동기는 디지털 기술이 등장하기 오래 전부터 존재해왔다. 가령 주의력 경제 요소는 라디오와 TV처럼 과거의 전기 매체에서도 존재했다. 더 거슬러 올라가서 '쓸데없는 말claptrap'이라는 용어 속에서 '클릭베이트'에 해당하는 18세기 멋진 비유를 발견할 수 있다. 우리의 심리적 편향이 언제나 이용을 당한다는 것 또한 사실이다. 슈퍼마켓이 900원 또는 90원으로 끝나는 가격표를 붙일 때, 소프트웨어 기업이 서비스 약관 97쪽에 사용자에게 까다로운 규정을 종속절 속에 슬며시 숨겨놓을 때, 그리고 신문 구독을 취소하려면 이메일이 아니라 반드시 전화로 해야 할 때가 그렇다. 그렇다고 해도 지금의 도전 과제는 완전히 새로운 것이다. 앞서 설명했듯이 오늘날 설득 기술은 그 어느 때보다 훨씬 더 강력하고 보편적이며, 변화 속도 또한 이전보다 훨씬 더 빠르고, 이전보다 훨씬 더 적은 사람들의 손에 권력이 집중되어 있다.

이는 우리의 매체인 주의 세상으로부터 인쇄 매체의 편향을 제거하는 궤적, 즉 전보 이후 거의 틀림없이 움직이고 있는 궤적상에서 분기점을 이루는 순간이다. 하지만 이 과정은 선형적이라기보다 기하급수적이며, 전체로서 기술 변화 속도를 따라가고 있다. 그 과정을 기존 궤적 위에 그대로 놓아둘 수 있다는 사실은 그에 따른 문제 해결이 **더** 중요하다는 사실을 의미한다.

우리가 특정한 설계와 특정한 유형의 피해 사이에 정확한 인과관계를 매우 명확하게 알지 못하기 때문에 디지털 주의력 경제를 개혁하기 위한 행동에 착수하는 것이 아직 시기상조라고 말하는 것 또한 잘못되었다. 가령 다양한 약품의 복용 효과처럼 우리가 갖고 있는 디지털 매체의 효과에 대한 '과학적인' 명료함 같은 것은 **절대** 확보하지 못할 것이다. 기술은 과학자가 따라잡기에는 너무도 빨리 변화하고, 사용자와 그들의 환경은 너무도 다양해 결론으로 가장 광범위한 일반화 이외에 어떤 것도 허용하지 않는다. 사람과 디지털 기술의 관계는 너무도 복잡해 그 본질에 관한 대다수 연구를 가능하게 해주지 않는다. 그럼에도 다시 한번 '기다리면서 지켜보라'는 주문 뒤에 담긴 가정은 우리가 애초에 적대적인 기술 설계를 기꺼이 받아들이고자 하는 시나리오가 존재한다는 것이다. 주의력 경제 재편을 시작하기 전에 무작위 대조 시험, 혹은 비슷하게 엄격한 형태의 연구를 요구하는 것은 우리를 향해 달려오는 적군의 총에 정말로 총알이 들어있다는 증거를 요구하는 것과 같다.

오해와 의혹 바로잡기

덧붙이자면 여기서 내가 주장하지 않은 내용을 분명하게 밝히는 것 또한 중요하다. 우선 내 입장은 결코 기술이나 상업에 반대하는 것이 아니다. 이는 러다이트 운동(1811년 영국 중부와 북부의 섬유 공업 지대에서 일어난 노동자의 반자본주의 운동 – 옮긴이)이 아니다. 내가 취하는 관점과 내가 펼치는 주장은 비즈니스와 양립 불가능하지 않으며, 기술 혁신을 제어하는 브레이크 페달에 해당하지도 않는다. 오히려 '조향 장치'에 더 가깝다. 궁극적으로 이는 기술 설계가 '세상을 더 좋은 것으로 만들 수 있다'라는 주장을 진지하게 받아들이고 그 비전을 실현하는 데 도움을 주는 프로젝트다.

인간의 비이성적인 심리적 편향이 그 자체로 '나쁘다'라거나, 설계를 통해 그러한 편향을 이용하는 것이 본질적으로 '바람직하지 않다'라고 주장하는 것이 아니라는 점도 다시 한번 강조하고 싶다. 앞서 언급했듯이 그건 필연적인 일이며, 기술 설계는 인간의 편에 서 있을 때 이러한 구조를 통해 사용자 이익을 크게 높여줄 수 있다. 헉슬리는 1962년 소설 『아일랜드』에서 이렇게 말한다. "우리는 우리의 기본적인 비합리성을 부정할 수 없다. 우리는 다만 합리적인 방식으로 비합리적으로 되는 법을 배울 수 있을 뿐이다." 철학자 게오르크 헤겔은 자신의 책 『법철학』에서 이렇게 언급한다. "충동은 합리적 체계 속에서 의지의 형태로 존재해야 한다."[1]

물론 나는 디지털 경제가 어떠한 방식으로든 우리 뇌를 재편하고 있다거나, 혹은 우리가 생각하는 방식을 생리적 차원에서 변경하고 있다고 주장하지도 않는다. 덧붙이자면 여기서 나는 우리가 기술 설계에 의해 '조작'당하고 있다는 사실이 주요한 문제라고 주장하려는 것도 아니다. 통상적으로 조작이란 개인이 그 영향에 대해 인식하지 못하는 상태에서 '콘텐츠나 정보 제공을 통제'하는 것을 의미한다. 내가 보기에 이는 대부분 기술 설계가 무엇인지를 설명하는 또 다른 방식에 불과하다.

내 논의는 도덕적 주장을 위해 **중독**[2] 개념을 요구하지도 않는다. 서로 다른 환경에 있을 때 사람들은 다르게 행동한다고 말하는 것만으로 충분하다. '중독' 개념을 끌어들이지 않더라도 기술은 다양한 방식으로 비윤리적이 될 수 있으며, 우리에게서 자유를 빼앗을 수 있다. 기술 설계 공동체 속 사람들, 그리고 이러한 문제와 관련해 기본적으로 방어적 태도를 보이는 많은 이들은 종종 윤리적으로 의문시되는 설계의 의미에 실질적으로 관여해야 하는 책임을 회피하기 위해 '중독'이라는 개념을 놓지 않으려 한다. 이러한 일은 명시적으로, 혹은 암묵적으로(후자의 경우 알코올과 담배, 혹은 당류 등 다양한 중독을 일으키는 상품에 대한 비유를 통해) 일어난다.

'디지털 디톡스'나 '빈지워칭'과 같은 표현을 사용할 때 우리는 사용자로서 이러한 윤리적으로 제한적인 틀을 받아들인다. 기술을 의존을 유도하는 화학물질에 비유하는 방식은 우리를 기술 설계와 영향에 윤리적으로 책임을 부담할 능력이 없는 존재로 간주하는 것이다. 실제로 그렇게 할 때 우리는 너무도 많은 윤리적 기반을 포기하게 된다. 즉 인간의 목표나 가치와 더불어 기술의 전반적인 조율에 관해 광범위한 논의를 이끌어내야 한다고 위협하는 허수아비 논증을 내세우는 시도를 돕는 것이다. 우리는 임상적 기준과 도덕적 기준을 혼동해서는 안 된다. 저항할 수 있든 없든 기술이 우리의 편에 있지 않다면, 그것이 우리 삶에 들어설 자리는 없다.

피해야 할 함정

우리가 피해야 할 여러 가지 함정, 즉 주의력 경제의 도전 과제에 대응하면서 해서는 안 될 것들에 대해 언급할 필요가 있다. 그중 하나로 누군가 기술의 메뉴에서 선택하고 싶지 않을 때, 그들의 유일한 선택지는 '플러그 뽑기'나 '디톡스'뿐이라고 대답해서는 안 된다. 이는 기술에 대한 비관적이고 유지 불가능한 견해며, 기술의 목적과도 부합하지 않는다. 본질적으로 우리에게 적대적인 기술과의 관계를 받아들여야 할 이유나 책임이 있는 것은 아니다.

우리는 또한 지나치게 도덕주의적 태도로 물러서지 않도록 주의해야 한다. 식품과 알코올, 혹은 약물에 대한 은유는 종종 (항상 그런 것은 아니라고 해도) 지나치게 도덕주의적 태도를 드러내는 신호다. 영국 일간지《인디펜던트*Independent*》에 실린 한 기사의 제목은 이렇다.「최고의 중독 전문가가 말하길, 아이에게 스마트폰을 주는 것은 코카인 1그램을 주는 것과 같다.」[3] 옥스퍼드대학 연구원 앤디 프지빌스키Andy Przybylski와 에이미 오번Amy Orben은 이와 관련해 영국 온라인 매체《컨버세이션*Conversation*》에서 다음과 같이 반박한다.

《인디펜던트》 기사의 정당성을 완전히 받아들이기 위해… 우리는 아이들에게 1그램의 코카인과 스마트폰을 주고 그 효과를 비교해야 한다. … 소셜미디어를 약물 사용에 비유하는 언론 보도는 스마트폰에 대한 부정적인 영향의 증거는 과장하고 일반화하면서, 그 긍정적인 영향의 증거는 외면하고 있다. 이는 유언비어를 퍼뜨리는 일이다. 건강한 소셜미디어 사용에 도움이 되지 않는다. 우리는 아이들에게 단 음식을 주는 것을 약물을 주는 것에 비유하지 않는다. 비록 매끼 단것을 먹는 습관이 건강에 심각한 문제를 초래할 수 있다고 해도 말이다. 이러한 점에서 소셜미디어를 약물에 비유해서는 안 될 것이다.[4]

마찬가지로 우리는 사용자에게 주의 분산에 '그저 적응하라'고 요구하려는 충동, 즉 불가능한 자기통제의 짐을 견뎌내라고, 혹은 갑작스럽게 초인으로 거듭나 산업화된 설득의 적들을 물리치라고 말하려는 충동에 저항해야 한다. 그건 이렇게 말하는 것과 다를 바 없다. "세상에서 가장 똑똑한 심리학자와 통계학자, 그리고 설계자 수천 명이 이제 깨어있는 시간 대부분을 당신의 의지력을 허물어뜨리는 방법을 알아내기 위해 노력하고 있다. 그러므로 당신은 더 많은 의지력을 갖춰야 한다." 이렇게 말하려는 유혹에도 저항해야 한다. "다음 세대는 이러한 주의력 전쟁에 더 잘 적응할 것이다. 그들은 그러한 전쟁 속에서 태어났기 때문이다." 그건 관여가 아니라 묵인에 불과하다.

추가적으로 이러한 문제를 초월하기 위해서는 교육이 필요하다(충분하지는 않겠지만). '미디어 리터러시media literacy'(미디어에 접근하고, 정보를 비판적으로 이해하고 받아들이며, 이를 기반으로 의사소통을 하는 능력 – 옮긴이)만으로는 숲에서 빠져나올 수 없다. 다소 당혹스러운 경험이기는 하지만, 내가 구글에서 일을 할 때 「인식적 편향 목록」이라는 제목의 위키피디아 기사를 프린트해 책상 옆 벽에다 붙여놓은 적이 있었다. 나는 그 목록을 바라봄으로써 나 자신의 인지적 한계에 덜 취약하게 될 것으로 기대했다. 물론 그 노력은 전혀 도움이 되지 않았다.

우리는 주의력 경제가 성인에게 미치는 부정적인 영향을 방관하고서 그것이 아이들에게 미치는 부정적인 영향을 해결하는 데 집중할 수 없다. 이는 종종 가장 억제되지 않은, 그리고 가장 비생산적인 도덕주의적 주장이 등장하는 지점이다. 물론 분명하게도 아이들과 관련해 고려해야 할 고유한 발달적인 측면이 있다. 그럼에도 우리는 사회에서 가장 취약한 구성원을 보호하는 노력뿐 아니라 우리 자신의 가장 취약한 부분을 보호하려는 노력을 기울여야 한다.

우리는 기업들이 자기통제를 실천하거나, 그들이 조직적으로 구조화되고 재무적으로 생산 동기를 부여받는 완전한 효과를 만들어내는 일에서 자발적으로 물러설 것으로 기대할 수 없다. 무엇보다 기술 산업에 종사하는 근로자의 '의식'을 높이는 것이 디지털 주의력 경제 구조에서 중요한 일이라거나, 그 경제의 개혁을 뒷받침한다는 주장을 지지해서도 안 될 것이다. 충분히 많은 최고경영자CEO와 프로덕트 매니저, 그리고 사용자 경험 연구원이 동양의 종교적 차원에서 상황 인식을 시작하기만 한다면, 기술 설계가 갑작스럽게 인간의 행복과 조화를 이루게 될 것이라는 희망(기대까지는 아니라고 해도)은 아무런 근거가 없을 뿐 아니라 위험하기까지 하다. 이러한 생각은 그 문제를 서구 자유 민주주의의 철학적 근간과 단절되어, 지침을 제시하기에는 무력한 수사적이고 철학적인 사고방식으로 떠넘기는 행위에 불과하다. 이러한 방식으로 생각하고 말하는 주요한 기능은 도덕성의 방향으로 손짓을 하는 동시에 실제로는 그렇게 하지 않으면서 개인의 도덕적 행로를 바꿨다는 인상을 주기에 충분한 개념적 모호함과 실천적 애매함을 허용하는 것이다.

무엇보다 이러한 문제에 대해 기술 설계자들에게 비난을 퍼부을 수는 없다. 그 누구도 인간의 삶을 **더 나쁘게** 만들기 위해 설계자나 엔지니어가 된 것은 아니다. 네스트 창업자 토니 퍼델Tony Fadell은 이렇게 지적한다.

> 나는 이런 생각을 하면서 종종 식은땀을 흘리곤 한다. 우리는 세상에 무엇을 가져다줬는가? … 우리는 사람의 뇌에 충격을 가하고 그것

을 새롭게 프로그래밍할 수 있는 정보(가짜 뉴스에서 보듯이)를 담은 핵폭탄을 가져다줬는가? 아니면 정보에 접근할 수 없었지만, 이제 힘을 갖게 된 사람들에게 빛을 가져다줬는가?[5]

결국 **비난할 대상은 없다.** '결함'이 있는 것은 개인의 내적 의사결정 구조가 아니라 복잡한 다중 작용 시스템의 새로운 구조다. 품질경영의 대가 윌리엄 에드워드 데밍William Edwards Deming은 이렇게 말한다. "악한 시스템은 언제나 선한 인간을 압도할 것이다."[6] 소설가 존 스타인벡John Steinbeck은 소설 『분노의 포도』에서 우리의 도덕적 심리가 조직적 현실이라는 엄중한 진실과 충돌할 때 느끼는 좌절감을 잘 표현한다. 다음은 소작농들이 은행 대표들에게 쫓겨나는 상황이다.

> 소작농들이 외쳤다. "물론입니다. 하지만 그건 우리 땅입니다. … 우리는 여기서 태어났고, 여기서 죽고 쓰러질 것입니다. 아무런 쓸모가 없다고 해도 여전히 우리 것입니다. … 소유권을 말해주는 것은 숫자가 적힌 종이가 아니라 바로 그러한 사실입니다."
>
> "미안합니다. 하지만 우리가 그러는 것이 아닙니다. 괴물이 그러는 것입니다. 은행은 인간이 아닙니다."
>
> "맞습니다. 하지만 은행도 인간으로 만들어졌습니다."
>
> "아닙니다. 틀렸습니다. 완전히 틀렸어요. 은행은 인간과는 다른 존재입니다. 은행에서 일하는 모든 인간이 은행이 하는 일을 싫어한다고

해도 은행은 그 일을 합니다. 장담하건대 은행은 인간을 넘어선 존재입니다. 괴물입니다. 인간은 은행을 만들었지만 통제할 수는 없습니다."[7]

위대한 거부

은행은 인간과 같지 않다. 기술 기업도, 다른 모든 브랜드도 그렇다. 우리 삶을 형성하는 이러한 기술의 경계 조건을 드러내기 위해 우리가 사용하는 모든 표식도 마찬가지다. **비난할 대상은 없다.** 그러나 이러한 사실을 안다는 것은 우리에게 두 가지 경로에 대한 선택권을 제시한다. 첫 번째로 우리는 비난을 향하게 할 '괴물'의 이미지를 떠올리고 심리적으로 보상을 주지만 현실에서 실질적인 변화를 추구하는 목표로부터 주의를 분산시킬 가능성이 큰 길을 선택할 것인가? 아니면 두 번째 길을 선택해 그 시스템의 진정한 본질을 복잡하고 심리적으로 이해할 수 없는 것으로 바라볼 것인가?

첫 번째 길은 우리를 디지털 신화로 이끌어줄 것이다. 여기서 우리는 고대인들이 그들의 물리적, 감정적 환경에 대해 그랬던 것처럼, 우리의 정보적 환경의 인격화된 구조와의 상상적인 관계에 관여하게 된다.[8] 그러나 진지하게 자율성을 고려한다면, 우리는 스타인벡의 사례에서 그러한 생각을 일깨우는 것은 대체된 농부들이 아니라, 우리가 '괴물'의 **브랜드**라고 부를 수 있는 은행가들이라고 언급할 수밖에 없다. 마찬가지로 디지털 기술의 영역에서 주요한 심리적, 감정적 연결점으로서 기능하는 것은 사용자가 아니라 대표를 만들어내는 기업이다. 실제로 이러한 브랜드와 대표는 사용자가 최소한의 통제권만을 갖고 있는 기술 설계 요소들일 것이다. 이 길을 따르는 것은 심리적으로 만족감을 주지만, 그들이 내놓은 상품보다, 혹은 그러한 상품들이 유도하도록 설계된 의사결정보다 더욱 가공될(많은 경우에 이미 가공된) 신화에 대한 묵인이다.

두 번째 길은 '괴물'을 응시하는 것, 그리고 복잡하고 다차원적 환경에서 이를 바라보는 것을 요구한다. 이러한 접근 방식은 철학자 루치아노 플로리디Luciano Floridi가 '인프라에틱스infraethics'라고 불렀던 것, 즉 '도덕적으로 선한 의사결정과 행동을 뒷받침하는 암묵적 기대와 태도, 그리고 실천의 기반 구조'에 대한 주의와 비슷하다.[9] 어떠한 면에서 인프라에틱스 관점은 도덕적 행동을 극대화한다는 설득적 설계 목표와 더불어, 사회 자체를 일종의 설득적 기술로 바라본다.

그러나 어떠한 길도 주의력 경제가 스스로 변할 것으로 기대하거나 방관할 수 있음을 의미하지는 않는다. 숭고한 사명 선언문과 야심 찬 마케팅 주장은 올바른 기술 설계를 만들어내지도, 대체하지도 못한다. 철학자 앨프리드 노스 화이트헤드Alfred North Whitehead는 이렇게 말한다. "인류의 주요한 재앙 중 일부는 훌륭한 방법론을 확보한 인간의 편협함 때문에 야기되었다."[10] 마찬가지로 반기술countertechnology, 그리고 주의력 경제 속 구성원이 자발적으로 개혁해야 한다는 요청은 국소 출혈을 일시적으로 막는 붕대로서 기능할 수 있다. 하지만 그건 궁극적으로 요구되는 수술, 즉 지속 가능한 체계적인 변화가 아니다. 게다가 그건 우리가 이미 단호하게 거부했던 치명적인 첫 번째 가정, 즉 우리의 생각과 행동을 형성하는 기술이 애초에 우리와 적대적인 관계에 있다는 사실을 받아들일 수 있음을 암묵적으로 인정한다.

이러한 함정을 인식하고 피한 뒤 우리에게는 어떠한 길이 남아 있을까? 그건 사회철학자 허버트 마르쿠제Herbert Marcuse가 말한 '위대한 거부'라는 과제에 착수하는 길이다. 법학자 팀 우Tim Wu는 자신의 책 『주목하지 않을 권리』에서 이를 "불필요한 억압에 맞선 저항, 그리고 **불안 없이 살아가기 위한** 궁극적인 형태의 자유를 향한 투쟁"[11]이라 명명했다. 이제 남아있는 길은 우리가 주의의 자유를 주장하고 지키기 위해 다급하게 움직이는 것이다.

12

주변 시간 속 주변 사람들

우리는 어떻게 주의의 자유를 주장하고 지킬 수 있을까? 한 가지는 분명하다. 우리가 그것을 충실하게 실행할 수만 있다면, 우리를 이 위기로부터 구원해줄 처방 가능한 '해결책' 바구니가 있다고 가정한다면, 그건 애초에 우리에게 주의력 경제를 가져다준 기술 관료적 충동을 가슴 아프게도 다시 한번 강요하게 된다는 사실이다. 여기에는 지도가 없으며, 오직 나침반만이 있을 뿐이다. 혁명을 위한 3단계 계획 같은 것도 없다.

그러나 우리는 목표의 대략적인 개요에 관해서는 설명할 수 있다. 그건 주의의 기술을 우리 편으로 끌어들이는 일이다. 이는 기술의 목표와 가치를 우리의 목표와 가치와 조화를 이루게 만드는 일이다. 그건 처음부터 우리의 이해관계와 조화를 이루는 기술의 창조로 이어지는 설계에 동기를 부여하는 환경을 조성하는 일이다. 기술이 우리를 위해 무엇을 해주기를 원하는지는 물론, 기술이 우리를 위해 무엇을 하도록 설계되었는지를 분명하게 이해하는 일이다. 또한 기술이 우리가 누구인지, 무엇을 하는지, 그리고 어디로 가는지에 대한 우리의 생각을 이해하는 일을 출발점으로 삼는 일이다. 이는 우리의 기술과 그 설계자들이 올바른 것에 주의를 기울이고 관심을 갖도록 기대한다는 의미다. 우리가 올바른 방향으로 움직인다면, 기술이 무엇을 위한 것인지에 대한 우리의 근본적인 이해는 철학자 찰스 테일러Charles Taylor가 지적했듯이 "관심의 윤리에 의해 스스로 제한되고 틀이 잡힐 것이다."[1]

이러한 목표에 대한 광범위한 관점을 바탕으로, 우리는 현재의 주의적 농노제에 대한 반항의 방향을 가늠해볼 수 있다. 여기서 나는 모든 대답, 혹은 그 대표적인 집합을 갖고 있다고 주장하지 않는다. 내가 보기에 점진적 개선의 누적이 그 시스템을 바꾸기에 충분할 것인지도 분명하지 않다. 어쩌면 더 근본적인 재시동이 필요한 것인지도 모른다. 또한 사회에서 주의적 반항의 각각의 형태를 추진할 책임이 누구에게 있는지에 관한 논의에 많은 지면을 할애하지는 않을 것이다. 그건 사안과 맥락 사이에서 광범위하게 다양한 형태로 나타날 것이며, 많은 경우 그 대답은 분명하지 않을 것이다.

그러나 시스템 개혁의 과제에 앞서, 우리는 한 가지 대단히 급박한 질문에 주의를 기울여야 한다. 그건 적대적인 설계에 직면해 인간의 주의에 대한 '돌아오지 못할 지점'이 존재하는가이다(여기서 나는 심오한 차원에서 이 표현을 사용하고 있다). 그건 말하자면 다음과 같은 질문이다. 삶을 헤쳐 나가기 위한 핵심적인 능력이 훼손되어 다시 그 능력을 회복할 수 없고, 또한 우리 자신을 다시 일반적인 능력의 단계로 되돌릴 수 없는 지점이 존재하는가? 다시 말해 우리가 큰 고통을 감내하면서까지 지켜야 할 '최소한의 생존 가능한 마음'이란 것이 존재하는가? 만약 그렇다면, 그 지점이 어디인지 알아내는 것은 최우선 과제가 될 것이다. 그리고 그러한 이해를 바탕으로 그 지점을 절대 넘어서서는 안 될 것이다.

바로 그러한 한계를 파악하는 과정에서, 즉 보호해야 할 가치가 있는 최소한의 필요 능력을 이해하는 과정에서 우리는 로마법이 '베네피키움 콤페텐티에*beneficium competentiae*', 다시 말해 '곤궁함의 특권'이라 불렀던 제도에서 적절한 선례를 발견할 수 있다. 로마에서는 채무자가 지불 불능이 되어 빚을 갚을 수 없게 되었을 때도, 지불을 대신해 그에게서 몰수할 수 없는 일부 재산이 있었다. 그건 도구와 개인 소지품을 비롯해 최소한의 삶을 영위하는 데 필요한 다양한 물건, 그리고 잠재적으로 그를 번영의 지위로 되돌려놓는 데 필요한 물건과 같은 재산이었다. 로마인들은 절대 몰수할 수 없는 이러한 특별한 재산을 '곤궁함의 특권'이라 불렀다. 곤궁함의 특권이 없을 때 로마 채무자는 재무적인 차원에서 몰락하게 될 것이다. 같은 방식으로 인간의 주의를 위한 되돌아오지 못할 지점, 즉 '최소한의 생존 가능한 마음'이 존재할 때 곤궁함의 특권이 없다면, 우리는 주의적 차원에서 몰락하게 될 것이다. 게다가 우리는 채무자조차도 아니다. 우리는 디지털 기술의 주의적 세상을 살아가는 농노이고, 그 세상은 우리에게 빚을 지고 있다. 그 세상은 우리에게 절대적인 최소한의 수준으로 곤궁함의 특권을 빗지고 있다.

주의력 경제를 올바른 방향으로 이끄는 과정에 기여할 수 있는 다양한 개입이 있다. 이들 각각의 개입만으로도 한 권의 책을 쓸 수 있을 것이다. 여기서는 특히 중요한 네 가지 유형만을 간략하게 살펴보고자 한다. 첫째, 광고의 본질과 목적을 재고해야 한다. 둘째, 설득적 설계에 대한 언어적, 개념적 개선이 필요하다. 셋째, 설계의 상위 단계 결정 요인을 변경해야 한다. 마지막으로 책임과 투명성, 측정을 위한 메커니즘을 강화해야 한다.

광고 본질과 목적 재고

주의력 경제를 실질적으로 개혁하기 위한 한 가지 필수조건이 있다면, 그건 광고의 본질과 목적에 대한 재고다. 광고가 사용자 주의를 둘러싼 경쟁을 유발하는 유일한 동기가 아니듯이, 이러한 재고 역시 분명 만병통치약은 아니다. 그럼에도 주의력 경제에서 광고는 단연코 가장 크고 깊이 뿌리 내린 동기다.

정보가 넘쳐나는 세상에서 광고 목적은 무엇일까? 앞서 언급했듯이 광고를 위한 정당화는 언제나 정보적 혜택에 기반을 두고 있었으며, 이는 역사적으로 정보 전달 **역할에 대한 예외**로 기존 매체 안에서 기능했다. 예를 들어 TV 광고 시간이나 도로변에 들어선 입간판을 떠올려 볼 수 있다. 하지만 디지털 미디어에서 광고는 규칙이 되었다. 이제 광고는 콘텐츠와 설계 목표를 '지원'하는 것으로부터 '주도'하는 것으로 이동했다. 결론적으로 우리는 광고 목적이 무엇인지를 더 이상 알지 못한다. 그건 광고가 무엇인지에 대한 일관된 정의를 더 이상 갖고 있지 않기 때문이다.[2]

우리는 하나의 사회로서 이러한 정의적 혼란 상태를 광고가 그 존재적 위기를 벗어나도록 도움을 주고, 궁극적으로 광고가 우리를 위해 해주기를 바라는 것을 요구하기 위한 기회로 활용해야 한다. 여기서 우리는 선례가 정당화 증거로 기능하지 않도록 특별히 주의해야 한다. 사상가 토머스 페인Thomas Paine은 자신의 책 『상식』에서 이렇게 말한다. "뭔가 잘못되었다고 생각하지 않는 오랜 습관은 그것이 겉으로 보기에 옳다는 인식을 준다."[3] 한 가지 과제에 집중하는 일련의 조직들의 존재가 그 과제를 위한 정당화 증거가 될 수는 없다(가령 담배 산업을 생각해보자). 어떠한 형태의 태도적이고 행동적인 조작을 우리는 용인할 수 있는 비즈니스 모델이라 생각해야 하는가? 어떠한 기반 위에서 우리는 인간 주의에 대한 전반적인 포착과 이용을 자연스러운, 혹은 바람직한 것으로 인식해야 하는가? 필연적으로 정치적 설득을 위해 사용될 것이라는 사실을 알면서도 우리는 상업적 설득의 메커니즘을 어떠한 기준으로 유지해야 하는가?

광고의 **존재 이유**에 대한 재고는 반드시 진지한 광고 윤리의 소생과 함께 이뤄져야 한다. 광고 윤리는 어떠한 의미 있는 방식으로 광고 실행을 안내하거나 제약하지 않았다. 그건 활력 없는 형식적인 착수에 불과했다. 왜 그래야 했을까? 간단히 말해 광고 회사들은 광고 윤리가 위협적이라고 생각했고, 윤리학자들은 광고가 지루하다고 생각했기 때문이다. (나는 두 분야 모두에 있어 봤기 때문에 이 사실을 잘 알고 있다.)

광고 분야에서 말하는 '잔여 재고remnant inventory'란 팔리지 않은 광고 자리를 뜻한다. 다시 말해 광고주들이 원하는 자리를 모두 구매하고 난 뒤 남아있는 가장 인기 없는 자리를 말한다. 잔여 재고를 처리하기 위해 발행사는 아주 낮은 가격으로, 그리고/혹은 대량으로 판매한다. 광고 윤리를 이해하기 위한 한 가지 방법은 광고주와 윤리학자의 지성 세계에서 '잔여 재고'를 비슷한 개념으로 바라보는 것이다.

광고 윤리에서 이러한 보편적인 무관심은 20세기 초중반에 떠오르는 설득 산업의 비판적인 목소리를 특징짓는 활력에 비춰볼 때 두 배로 놀라운 것이다. 특히 초기의 가장 두드러진 비판적인 목소리들은 광고 산업의 베테랑들에게서 나왔다. 브랜드 광고 전문가 시어도어 맥마너스Theodore MacManus는 1928년 문화 평론 잡지 《애틀랜틱먼슬리*Atlantic Monthly*》에 게재된 「허무의 바닥The Nadir of Nothingness」이라는 제목의 글에서 광고 관행에 관한 자신의 심경 변화를 토로했다. 그가 생각하기에 광고 관행은 "표면적인 어리석음을 일반적으로 고상한 인간 본성의 건전하고 탄탄한 실체라고 오해했다."[4] 그로부터 몇 년 지난 1934년, 이전에 광고대행사 맥칸McCann과 비비디오BBDO에서 일했던 제임스 로티James Rorty는 「우리 주인의 목소리: 광고Our Master's Voice: Advertising」라는 제목의 글에서 마찬가지로 광고가 인간의 근본적인 관심을 침범하고 있다는 두려움을 드러냈다.

> '광고'는 절대 침묵하지 않는다. 그건 다른 모든 목소리를 들리지 않게 만들고, 어떤 질책도 받지 않는다. 그건 미국의 목소리가 아니기 때문인가? … 광고는 우리에게 어떻게 살아남는지, 무엇을 두려워해야 하는지, 어떻게 아름다워질 수 있는지, 어떻게 사랑받을 수 있는지, 어떻게 부러움을 살 수 있는지, 어떻게 성공할 수 있는지 가르쳐준다. … 미국인이 갈수록 이러한 무의미한 언어의 차원에서 말하고, 생각하고, 느끼고 있다는 것은 놀라운 일인가? 예술과 과학, 종교의 자극이 점차 미국인의 삶 주변부로 밀려나면서, 주변적인 사람들이 주변적인 시간에 구축하는 주변적인 가치가 되어간다는 사실은 놀라운 일인가?[5]

이 구절에서 엿볼 수 있듯이, 초기 광고 비평가들의 글에는 21세기 우리가 좀처럼 외면하기 힘든 특정한 어조가 담겨 있다. 그건 일종의 자기 자신을 쏟아내는 것으로, 인지된 광고의 미학적, 도덕적 위반에 대한 불신의 표현이자 공격의 표현이며, 더 나아가 우리에게 다른 대공황 시대 작가들(특히 『가족의 죽음』을 쓴 제임스 에이지James Agee가 떠오른다)을 상기시키는 애처롭고 의문스러운 문체에 의해 더욱 두드러진다. 한편으로 디오게네스가 생각나기도 한다. 세상에서 가장 아름다운 것이 '표현의 자유'라고 말할 때, 디오게네스가 사용한 그리스어 단어는 **파레시아***parrhesia*였다. 이는 단지 '원하는 모든 말을 하는 것'만을 의미하지는 않는다. 이 단어는 과감하게 말하고, 모든 것을 밝히고, '비밀을 누설하고', 내면에 있는 진실을 표출하는 것을 의미한다. 그건 내가 초기 광고 비평가들에게서 받았던 느낌이다. 게다가 광고의 실존적 기반에 대한 진지한 비판이 쏟아지고 있다는 단순한 사실 속에 근본적인 낙관주의가 자리하고 있다. 실제로 오늘날 로티의 글을 읽기 위해서는 뒤를 돌아보는 우리 자신의 비판을 그에게 투영하지 않으려는 의식적인 노력이 필요하다.

이후 광고 비평가들은 비록 덜 시적이기는 하지만 더 분명하게 비판의 경계를 설정할 수 있었다. 더욱 명료한 구분이 드러난 한 가지 영역은 광고 전략이었다. 광고 산업이 성숙하면서 그 분야는 언어와 절차의 차원에서 진화했다. 머지않아 더 정확한 언어를 갖게 된 또 다른 영역에는 심리학이 있었다. 예를 들어 저널리스트 밴스 패커드Vance Packard를 생각해보자. 광고에 대한 비판을 담은 그의 책 『숨은 설득자*The Hidden Persuaders*』는 로티 이후 심리학 연구에서 이뤄진 이십 년간의 진보를 토대로 삼는 혜택을 누렸다. 이 책에서 패커드는 이렇게 말한다. "내가 보기에 많은 강력한 조작자들이 저지른 가장 심각한 공격은 그들이 우리 마음의 프라이버시를 공략하려 했다는 것이다. 우리가 저항하기 위해 싸워야 할 것은 우리 마음속 프라이버시(이성적이든 비이성적이든)에 대한 이러한 권리다."[6]

패커드와 로티는 종종 초기 광고 비판에 관한 논의에서 같은 맥락으로 인용된다. 사실 그들이 광고 윤리 연구에서 함께 인용되는 빈도수는 호기심을 자극한다. 그건 그들의 비판 내용이나 선행先行이 아니라 어조 때문으로 보인다. 오늘날 누군가 광고 회사의 근본적인 목표에 대해 그들이 했던 것과 똑같은 수준의 우려를 표하려 한다면, 그리고 그들만큼 확신을 갖고 그렇게 말하려 한다면, 그건 진지하게 받아들이기에는 지나치게 당혹스럽고 기이하고 낙관적일 수 있다. 패커드와 로티는 과장법으로 호감을 얻었을 것이며, 이러한 사실은 그들의 비판을 더 쉽게 외면할 수 있게 한다. 마지막으로 내가 보기에 광고의 근본적인 수용 가능성에 대한 윤리적 논의를 먼 과거의 일로 치부하는 행위는 현재 상태를 유지하려는 이들에게 수사적인 가치를 제공할 것이다. 다시 말해 광고의 근본적인 수용 가능성에 대한 모든 윤리적 의문이 이미 오래전에 해결되었음을 암시하는 역할을 할 것이다.

내 직관은 여기서 올바른 대답은 광고를 우리의 주의에서 의도로 옮기는 작업을 수반한다는 것이다. 바람직한 시나리오에서 광고는 단지 우리의 주의를 포착하고 이용하려는 것이 아니라 우리의 의도를 지지하고자 한다. 다시 말해 숙고적인 차원에서 승인된 과제와 목표의 추구를 향해 나아가도록 유도한다.

물론 우리는 광고를 하룻밤 사이에 재평가하거나 재구축할 수는 없을 것이다. 그때까지 우리는 자신의 주의를 빼앗아가는 것을 거부하는 사람들의 능력을 굳건하게 지키고, 실질적으로 강화해야 할 것이다. 지금으로서는 최근 '광고 차단ad blocking'이라 불리는 방법이 사람들이 주의력 경제에 반대표를 던질 수 있는 유일한 수단이다. 이는 웹의 영혼을 갉아먹는 비뚤어진 설계 논리에 맞서려 할 때 사용자가 꺼낼 수 있는 몇 가지 도구 중 하나다.

여기서 일부는 반박하면서 광고 차단은 '훔치는 것'이라 주장할 수 있지만, 그건 말도 안 되는 소리다. 이는 훔치는 것이 아니라 TV 광고가 나올 때 방에서 걸어 나오는 행위다. 또 다른 일부는 '군비 경쟁'을 확대하는 것은 현명하지 않다고 말할 수 있다. 하지만 광고 군비 경쟁과 조금이라도 비슷한 일이 벌어지고 있다면, 그건 환상적인 일이다. 대신 우리가 갖고 있는 것은 한편으로는 세상에서 가장 정교한 컴퓨터를 이용해 우리의 주의를 포착하기 위해 수십억 달러를 퍼붓는 전체 산업이다. 다른 한편으로는… 우리의 주의가 있다. 이는 군인이 수천 대의 탱크와 권총이 자신을 향해 진격하는 것을 바라보며 몸을 숨기기 위해 벙커로 뛰어드는 상황과 같다. 그건 군비 경쟁이 아니라 주의적 생존을 위한 모색이다.

자신이 원하는 대로 모든 광고를 차단함으로써 주의의 자유를 경험하고 지키려는 사용자의 권리는 절대적으로 보호받아야 한다. 사실 디지털 주의력 경제의 도덕적, 정치적 위기를 감안할 때, 여기서 중요한 윤리적 질문은 "광고를 차단해도 좋은가"가 아니라 "광고 차단이 도덕적 의무인가"가 될 것이다. 이는 기업을 위한 질문이기도 하다. 디지털 기술 분야 하드웨어와 소프트웨어 제조회사는 그들의 사용자에 대한 책임을 심도 있게 고민해야 한다.

나는 이들 기업에 광고 차단을 기본 설정으로 해서 제품을 출시해서는 안 되는 이유를 묻고 싶다. 공격적인 컴퓨팅 설득은 이제 옵트아웃opt-out(탈퇴하기 위해 적극적으로 의사 표시를 해야 하는 방식 – 옮긴이)이 아니라 옵트인opt-in(가입하기 위해 적극적으로 의사 표시를 해야 하는 방식 – 옮긴이)이 되어야 한다. 사용자가 자신의 주의를 통제할 수 있는 형태가 기본 설정이 되어야 한다.

언어적, 개념적 개선

주의력 경제 개혁에서 또 다른 중요한 과제는 설득적 설계에 대한 언어적, 개념적 개선 노력이다. 이는 그 문제에 관한 분명한 논의는 물론 이 영역에서 철학적, 윤리적 연구를 발전시키는 데 필요하다. 인간의 의지를 더 잘 다루기 위해 '주의'와 '분산'의 언어를 심화하는 것은 여기서 내가 추진하는 과제의 한 부분이다. 신경윤리학에서 빌려온 개념들 또한 주의의 윤리학을 발전시키는 과정에 도움이 될 것이다. 예를 들어 '뇌 프라이버시'나 '인식적 자유'의 개념에서처럼 그 문제와 피해의 본질을 설명하는 데 특히 도움이 될 것이다.[7]

기업의 경우 이 과제에서 핵심적인 부분은 우리가 사용자를 주제로 논의하는 방식을 개선하는 노력에 관한 것이다. 기술 설계자와 마케터는 '아이볼즈eyeballs'(마케팅 메시지의 노출 횟수 – 옮긴이)나 '퍼널funne'(고객이 유입되어 전환에 이르는 과정을 수치로 분석하는 방법론-옮긴이), '타기팅targeting', 그리고 마땅히 그래야 할 만큼 충분히 인간화되지 않은 다양한 용어를 습관적으로 사용한다. 여기서 개선해야 할 과제는 인간을 위한 더욱 인간적인 용어를 발굴하는 것이다. 앞서 비트겐슈타인의 인용에 설계적인 색채를 가미한다면, 우리 언어의 한계는 곧 사용자를 위한 공감의 한계를 의미한다.

'설득'이라는 용어 자체와 관련해 상당한 정도의 개념적 명료화뿐 아니라 설득의 구체적인 맥락에 걸쳐 조각 모으기defragmentation 작업이 이뤄져야 한다. 예를 들어 다음 표에서 확인할 수 있듯이, 우리는 윤리적으로 두드러진 기준에 따라 '설득적인' 기술 용어들의 지도를 그려볼 수 있다. 이 표에서 Y축은 기술 설계가 사용자에게 가하는 제약의 정도를 나타내고, X축은 사용자와 기술 설계 사이 목표 일치의 정도를 나타낸다. 이 표를 근간으로 우리는 목표의 일치 정도가 낮고, 사용자에 대한 제약 정도가 높은 기술을 '유혹적 기술seductive technology'이라 부를 수 있다(예를 들어 사용자가 중단을 원하고, 나중에 시간을 허비한 것에 대해 후회하는 중독적인 게임). 여기서 사용자에 대한 제약 정도가 낮은 경우 우리는 이를 '초대적 기술invitational technology'이라 부를 수 있다. 마찬가지로 사용자에 대한 제약 정도가 낮고, 목표 사이 일치 정도가 높은 기술(예를 들어 GPS 장비)은 '지시적 기술directive technology'이라 부를 수 있다. 여기서 사용자에 대한 제약 정도가 높아지면 이는 '안내적 기술guidance technology'이 된다(예를 들어 자동차의 주차 보조 기능이나 자율 주행 기능). 사용자 제약 정도가 더 높아지면 '주도적 기술driving technology'이 될 것이

다(예를 들어 완전한 자율 주행 자동차). 이 표는 내가 의미하는 바를 보여주기 위한 개략적인 시범 사례에 불과하지만 언어적, 개념적 조각 모으기 프로젝트가 나아갈 수 있는 몇 가지 길을 제시한다.

설득의 언어를 명료하게 정의하는 시도를 통해 우리는 주의와 설득의 설계 윤리를 **중독**의 질문으로 맹목적으로 연결하지 않는 추가적인 이익을 얻을 수 있다. 왜 이러한 문제에 관한 논의가 이미 중독을 핵심 문제로 삼고 있는지 그 이유는 충분히 이해할 수 있다. 우리가 정보 풍요의 세상에서 경험하는 근본적인 도전 과제는 자기통제의 문제이며, 앞서 4장에서 살펴보았듯이 주의력 경제의 사소한 설계 습관은 종종 우리의 보상 시스템을 공략하기 때문이다.

그러나 중독이라는 주제에 지나치게 주목하는 접근 방식 역시 문제가 될 수 있다. 가장 먼저 중독에 대한 엄격한 임상적 기준이 존재하지만, 우리는 일상적으로 "나는 이 기술을 내가 원하는 것이상으로 사용한다"라는 의미를 표현하는 지름길로서 중독이라는 용어를 사용한다. 분명한 정의가 없을 때 우리는 서로 딴소리를 하기 십상이다. 게다가 중독에 지나치게 집중하다 보면, 그것이 어떤 설계가 도덕적으로 문제가 있는지 판단하기 위해 사용하는 기본적인 기준이 될 수 있다는 위험도 있다. 그러나 기술은 매우 다양한 측면에서 윤리적으로 문제가 될 수 있으며, 중독은 그 한 가지 방식에 불과하다. '중독적'은 아니지만, 단지 강제적인 행동을 촉발하는 설계 또한 윤리적으로 심각한 문제를 초래할 수 있다.

우리는 중독이라는 용어를 사용할 때 이러한 유형의 윤리적 범위 확장에 대해 특히 경계할 필요가 있다. 그 이유는 기업과 설계자들이 그것을 활용할 동기를 갖고 있기 때문이다. 이러한 접근 방식은 모호할 뿐 아니라 지나치게 높은 수준으로 윤리적 기준을 설정한다. 또한 사용자와 기술 설계 사이 목표와 가치 불일치에 관한 보다 심오한 윤리적 문제를 외면하도록 만든다. 다시 말해 중독의 문제에 집중하는 접근 방식은 논의를 설계의 근본적인 목적에 관한 보다 심오한 질문에서 벗어나게 만든다.

상위 단계 결정 요인 변경

주의력 경제 개혁에서 가장 효과가 높은 개입은 설계의 상위 단계에 있는 결정 요인을 변경하는 작업이 될 것이다. 이는 가령 기업에 재무적 목표와 사회적 이익 목표의 균형을 맞출 수 있는 자유를 주고, 이러한 조직 구조를 채택한 기업에 인센티브를 주는 대안적 조직 구조의 개발과 채택에서 비롯될 수 있다. 예를 들어 크라우드 펀딩 사이트 킥스타터는 최근 '베네피트 기업benefit corporation'(이윤과 사회적 책임 모두를 추구하는 형태의 기업 – 옮긴이), 혹은 B-코퍼레이션B-corp으로 전환되었다. 팀 우는《뉴욕타임스》기사에서 페이스북 역시 그렇게 되어야 한다고 주장했다.[8] 마찬가지로 투자자는 스타트업이 단지 사용자 주의를 포착하고 이용하는 비즈니스 모델을 추구하지 않도록 유도하는 투자 환경을 조성해 나갈 수 있다. 게다가 기업은 사용자에게 온라인 콘텐츠에 '지불'하는 방법에 대한 선택권, 즉 돈으로 지불할 것인지, 아니면 그들의 주의로 지불할 것인지에 대한 선택권을 제시할 수 있다.

이러한 설계의 상위 단계 결정 요인 중 다수는 정책 환경의 변화를 통해 접근 가능하다. 정책결정자는 디지털 주의력 경제의 위기 대처에서 중요한 역할을 맡고 있다. 분명하게도 그들은 여러 가지 역풍을 맞고 있다. 인터넷의 범세계적 속성은 지역적 정책이 도달 가능한 범위가 제한적일 수 있으며, 빠른 기술 변화 속도는 선행적인 형태가 아니라 반응적인 형태의 정책 결정으로 이어지는 경향이 있음을 의미한다. 하지만 정책결정자가 맞이하는 가장 강력한 역풍 중 하나는 **주의적** 강조가 아니라 **정보적** 강조가 지속적으로 이어지고 있다는 사실이다. 디지털 미디어 정책 대다수가 여전히 정보 풍요가 어떻게 주의 결핍을 야기하는지에 관한 사이먼의 주장을 제대로 설명해내지 못한다는 가정에 기반하고 있다.

예를 들어 플랫폼이 가짜 뉴스에 표식을 달아야 한다는 주장은 아무런 의미가 없다. 이는 끝없는 인식론적 두더지 잡기 게임에 불과하다. 이에 관한 초기 연구가 이미 많은 이야기를 들려줬다.[9] 마찬가지로 유럽연합 내에서 웹사이트 소유자는 '쿠키'를 추적함으로써 브라우징 활동을 측정하고자 할 경우 사용자로부터 동의를 구해야 한다. 이 법은 사용자 프라이버시를 보호하고 데이터 수집의 투명성을 높이는 조치로, 둘 다 **정보** 관리 윤리와 관련해 바람직한 목표다. 하지만 **주의** 관리의 관점에서 볼 때 이 법은 사용자에게 가령 그들이 이전에 방문한 적이 없어, 신뢰할 수 있는지 알지 못하는 웹사이트가 쿠키를 활용하도록 동의할 것인지에 대해 하루에 서른 번 넘게 의사결정을 내려야 하는 부담을 안겨준다(하루에 서른 곳의 웹사이트에 접속한다는 가정하에). 이는 사용자의 인지 부하에 대한 중대한 제약, 즉 자신의 브라우징 활동을 측정하는 것에 '동의'하는 것이 주는 혜택을 훨씬 넘어서는 부담으로 이어진다. 나는 여기서 '동의'라는 단어에 따옴표를 했다. 그 이유는 웹사이트가 사용자에게 보내는 '쿠키 동의' 알림은 필연적으로 승인을 극대화하기 위해 설계되기 때문이다. 웹사이트 소유자는 '동의' 요청을 단순히 하나의 설득적인 상호작용으로 바라보고, 사용자 동의를 구하기 위해 광고지향적인 설계를 최적화하는데 활용하는 것과 동일한 측정 방법과 실험 방법을 사용한다.

그러나 정부기관은 새로운 기술적 행동유도성이 사회의 도덕적, 정치적 기반과 연관되는 방식에 대한 논의를 이끌어가는 것은 물론, 사회 제도의 본질과 목적에 관한 실존적 질문을 발전시켜 나갈 수 있는 특별한 위치에 있다. 중요한 것은 정부기관은 원칙적으로 시정 조치에 정보를 제공하고 이를 촉진하는 차원에서 이러한 논의를 마련할 능력을 갖추고 있다는 사실이다. 우리는 디지털 이전 매체에 제정된 주의의 법적 보호를 위한 선례에서 적어도 조심스럽게 낙관적인 전망을 취할 수 있는 이유를 발견하게 된다. 예를 들어 개인의 사적인 공간에 원치 않는 침입을 사전에 예방하기 위한 스팸방지법과 통화 차단 등록 서비스에 대해 생각해보자. 이러한 형태의 보호가 일반적으로 사소한 차원에서 '주의'를 보호하기 위한(다시 말해 짜증이나 순간적인 주의 분산을 덜어주기 위한) 조치이기는 하지만, 여기서 논의하는 보다 심오한 차원의 '주의'를 보호하기 위한 출발점으로서 기능할 수 있다.

단기적으로 뚜렷한 효과를 보여주기 위해 정책은 무슨 일을 해야 할까? 디지털 미디어에서 설득적 설계 목표의 투명성에 관한 규제나 기준을 개발하고 강화해야 한다. 특정한 형태의 주의적 피해를 측정하기 위한 기준을 마련해야 한다. 다시 말해 **내부** 환경에 대한 '오염' 정도를 정량화해야 한다. 디지털 미디어 기업이 이러한 차원에서 그들이 미친 영향을 측정하고, 이에 관한 보고서를 정기적으로 발표하도록 조치해야 한다. 기업이 특정한 기준을 넘어서는 경우 '탄소 상쇄carbon offsets'(이산화탄소를 배출한 만큼 환경적인 부문에 투자하도록 하는 조치 – 옮긴이)와 같은 제도를 마련할 수도 있을 것이다. (이를 '주의 상쇄attention offsets'라고 부를 수 있다.) 공영 방송이 TV와 라디오에서 했던 것과 비슷한 역할을 할 디지털 미디어 플랫폼의 탄생 가능성을 모색하는 노력도 가치가 있을 것이다.

책임, 투명성, 측정을 위한 메커니즘 강화

설득적 설계에서 책임과 투명성, 측정을 개선하는 노력 또한 주의력 경제 개혁에서 중요하다. 가장 먼저 설득적 설계 목표의 투명성을 강화하는 것은 기술 개발자에 대한 신뢰가 자리 잡고 있다는 사실을 확인하는 데 필수적이다. 지금까지 우리는 주로 기술이 우리의 **정보**를 관리하는 방식에 관한 투명성을 요구해왔다. 반면 우리의 **주의**를 관리하는 방식에 대해서는 비교적 소홀했다. 그러한 접근 방식은 사용자 프라이버시나 정보 이용 동의와 같은 사안을 전면에 내세웠다. 이러한 사안이 중요하기는 하지만, 우리가 사용하는 상품과 서비스를 뒷받침하는 설계 논리(그리고 궁극적인 이유)의 투명성을 요구하는 데 방해가 되었다. 이것이 실질적으로 의미하는 바는 우리의 신뢰 기반이 약하다는 사실이다.

로마 황제이자 철학자 마르쿠스 아우렐리우스는 자신의 책 『명상록』에서 이렇게 조언한다. "누구를 만나든 자신에게 이렇게 물어야 한다. '이 사람이 선과 악으로서 갖고 있는 원칙은 무엇인가?'"[10] 이는 설득적인 사람을 만났을 때뿐 아니라 설득적인 기술을 만났을 때도 유용한 조언이다. 페이스북이 나에 대해 갖고 있는 설득적인 목표는 무엇인가? 유튜브는 무엇을 기반으로 내게 특정한 영상을 추천하는가? 트위터는 어떤 기준으로 나의 사용 시간을 극대화하고자 하는가? 아마존은 왜 애초에 알렉사를 개발했던가? 내가 신뢰하는 시스템 목표는 나의 목표와 일치하는가? 기술 뒤에 있는 사람을 신뢰하는 것에서 잘못된 점은 없다. 또한 그들을 정당하게 신뢰하기 위해 그들의 동기를 완벽하게 이해할 필요는 없다. 신뢰는 언제나 어느 정도의 위험을 수반한다. 대신 우리의 목표는 '신뢰하되 검증하라'는 러시아 속담을 실천할 방법을 발견하는 것이 되어야 한다.

설계자와 엔지니어, 그리고 비즈니스맨이 실질적인 '행동 장치'를 갖추도록 유도하는 접근 방식 역시 유용할 것으로 보인다. 일반적인 사례의 하나로 전문가 집단의 선서를 꼽을 수 있다. 선서는 현대 사회에서 고유한 자리를 차지하고 있다. 선서는 약속보다 무겁고, 맹세보다 보편적이며, 신념보다 구체적이다. 선서는 우리에게 공통적인 윤리적 기준을 제시하고 상기시켜주며, 특정한 가치에 대한 공식적인 약속을 하기 위한 기회를 제공하고, 행동에 대한 책임을 부여한다. 법적 구속력이 없는 선서 가운데 가장 유명한 사례는 히포크라테스 선서일 것이다. 지금도 의대생들은 학교를 졸업할 때 특정한 버전의 히포크라테스 선서를 낭독한다. 그 외에도 철학자 칼 포퍼Karl Popper(1970년)[11]와 물리학자 조지프 로트블랫Joseph Rotblat(1995년)[12]이 과학자와 공학도를 위한 비슷한 선서를 제안한 적이 있다. 최근에는 디지털 기술 설계에 대한 선서가 등장했다.[13]

그러나 이러한 선서들 중 어떤 것도 광범위하게 받아들여지지 않고 있다. 그 이유로는 선서의 자발적인 속성은 물론 다원주의 사회에서 공통적인 가치에 동의하고 표현하기 위한 내재적 어려움이 있을 것이다. 하지만 여기서 더 거센 역풍은 이러한 제안이 이뤄진 탈맥락화된 방식에서 비롯되었다. 행동 장치가 한 집단에서 수용되기 위해서는 그 집단을 위한 의미를 전달할 수 있어야 한다. 그 의미가 일종의 **사회적** 의미를 포함하지 않을 때 그 행동 장치의 수용은 대단히 힘든 과제가 될 것이다. 오늘날 널리 사용되는 선서들 대부분은 이러한 사회적 의미를 제공하기 위해 전체로서 해당 직업군을 뒷받침하는 사회 구조를 활용한다. 예를 들어 사람의 생명을 구하는 목적과 관련해 의사들 사이에 형성된 가치의 조화만으로는 널리 퍼진 히포크라테스 선서의 낭독을 이어나가는 데 충분하지 않을 것이다. 이러한 관습을 위한 핵심 인프라는 사회 구조와 교육 제도의 전통, 특히 졸업식에 있다. '설계자 선서'를 활용 가능하고 영속화하는 유사한 사회적 인프라가 없다면, 전반적인 수용은 의문스러워 보인다.

사실 '설계자 선서'는 아직 존재하지 않은 요구를 모색하는 프로젝트라고 할 수 있다. 그건 그 선서가 어떤 새로운 가치를 가져다주지는 않기 때문이다. 많은 직업과 실무 분야는 구성원을 결속시키거나 지침을 제시하기 위한 공통적인 선서가 없어도 아무런 문제를 드러내지 않는다. 예를 들어 '교사 선서'나 '소방관 선서', 혹은 '목수 선서' 같은 것은 없다. 그리고 '설계'는 한 가지 선서를 정하기에 지나치게 광범위한 추상적인 차원에 있다. 그건 아키텍처나 소프트웨어 엔지니어링, 광고 등 기술 설계의 다양한 영역들이 저마다 서로 다른 도전 과제에 직면해 있으며 서로 다른 가치를 우선시하기 때문이다. 기술 설계에서 지금까지 확인해온 널리 받아들여진 '설계자 선서'에 가장 가까운 은유는 조직적 차원에서 만들어진 자발적인 윤리적 약속일 것이다. 대표적으로 기업의 사명이나 슬로건, 혹은 조직 강령이 이에 해당한다. 예를 들어 구글의 비공식적 사명인 '사악해지지 말자'에서 우리는 히포크라테스의 금언인 프리뭄 논 노체레*primum non nocere*(무엇보다 해를 입혀서는 안 된다)[14]의 메아리를 듣는다.

그런데 **무엇보다 해를 입혀서는 안 된다**는 원칙은 사실 어떤 버전의 히포크라테스 선서에서도 찾아볼 수 없다. 널리 퍼진 믿음은 우리에게 선서의 일반적으로 인식된 가치와 실제 가치 사이 중요한 신호를 보여준다. 그 가치의 중요한 부분은 내용이 아니라 존재에서 비롯한다. 즉 특정 직업군이 선서를 할 만큼 가치가 있다는, 그리고 사람들의 삶에 중요한 영향을 미치기 때문에 그 분야에서 어떤 행위가 이뤄질 수 있는지에 대한 명시적인 윤리적 기준을 세워야 한다는 사회적 인식에서 비롯된다.

우리가 사회 속에서 '설계자 선서'의 수용을 가로막는 광범위한 도전 과제를 해결할 수 있다고 가정할 때, 그러한 선서는 어떠한 형태를 취해야 할까? 여기서 나는 어떤 특정한 대답을 제시할 수는 없으며, 다만 몇 가지 주요한 질문에 대한 대략적인 의견만을 내놓을 수 있을 뿐이다. 핵심 질문 중 한 가지는 얼마나 명시적으로 히포크라테스 선서 사례에 기반을 두고 만들어야 할 것인가이다. 내 생각에 의학에 대한 은유를 기반으로 설계에 대해 이야기함으로써 사람들이 설계의 중요성을 더 잘 이해하도록 돕는다면, 이는 적절한 선례로 보인다. 설계를 의학에 비유함으로써 우리는 궁극적으로 중요한 것을 깊이 있게 전달할 수 있다. 설계와 마찬가지로 의학은 하나의 조직이나 제도가 아니라 직업이라는 점에서(이러한 사실은 비교를 할 수 있는 적절한 사회 수준을 만들어준다) 또한 적절한 은유다.

그러나 의학을 이러한 영역에 대한 대략적인 지침으로서 설명하는 것에 대한 한 가지 제약은 언제, 어디서(그리고 누가) '설계자 선서'를 받아들여야 하는가에 관한 구체적인 문제다. 의학 교육은 대단히 체계적이며, 그러한 선서를 채택하기 위한 조직적인 환경을 제공한다. 반면 기술 설계자는 어떠한 공식적 설계 교육도 받지 않을 수 있다. 그러한 교육을 받은 사람조차 설계 윤리 수업은 듣지 않았을 가능성이 크다. 더 나아가 그러한 설계 윤리 수업을 들은 사람조차 (종종 선택 과목인) 졸업식처럼 선서를 하는 행위가 대단히 기이하게 느껴지지 않는 기회를 누릴 수 없을 것이다. 물론 이러한 생각은 교육적인 환경이 그러한 선서를 시작하기에 적절한 환경이라는 것을 가정한다. 그렇다면 우리는 대신에 기업이 그 과정을 이끌어야 한다고 생각해야 할까? 이는 누가 선서를 채택할지, 혹은 채택하지 않을지에 관한 추가적인 질문을 제기한다

(예를 들어 프런트 엔드 설계자 대 백 엔드 설계자, 실무 설계자 대 설계 연구원, 고위 설계자 대 신입 설계자 등).

마지막으로 특히 디지털 시대에 그러한 선서를 어떠한 형태로 작성해야 하는지에 관한 질문이다. 그건 많은 사람이 참여하고 논의한 결과물인 '위키' 방식의 선서가 되어야 하는가? 혹은 그러한 '대중 참여' 접근 방식은 **사실**에 대한 임시적 진실로 수렴하는 적절한 방식(위키피디아처럼)인 반면, 도덕적 **이상**의 명확한 표현을 개발하는 데는 바람직하지 않은 방식인가? 어떤 경우든 우리는 광범위하게 수용된 모든 '설계자 선서'가 지역적인 차원, 그리고 윤리적인 사고에서 새로운 진보에 대한 대응으로서 계속 반복되고 적용될 것이라고 기대할 수 있다. 히포크라테스 선서가 많은 나라에 걸쳐 그랬던 것처럼 말이다.

'설계자 선서'의 **핵심**(향후 기반이 될 '최소 생존 가능 제품'으로 기능할 수 있는 초기 '알파' 버전)과 관련해 나는 다음과 같은 것이 좋은 접근 방식이 될 수 있다고 생각한다(물론 이것보다 더 시적이고 인상적이어야 하겠지만).

나는 다른 사람의 삶에 영향을 미치는 사람으로서 다음을 약속한다.

- 사람들의 성공에 진심으로 **관심**을 기울인다.
- 사람들의 의도와 목표, 가치를 최대한 온전하게 **이해**한다.
- 나의 프로젝트와 행동을 사람들의 의도와 목표, 가치와 **조화**를 이

루도록 한다.

- 사람들의 존엄성과 주의, 자유를 **존중**하고, 그들의 약점을 그들에게 불리한 방향으로 이용하지 않는다.
- 내게 중대한 영향이 아니라 내 프로젝트가 사람들의 삶에 미칠 완전한 영향을 **측정**한다.
- 내 의도와 방법에 대해 투명하고 솔직하게, 그리고 자주 **의사소통**을 한다.
- 사람들이 그들의 의도와 목표, 가치에 대해 숙고하도록 격려함으로써 스스로 삶을 이끌어가는 능력을 **강화**한다.

나는 여기서 이 선서의 '알파' 버전에 포함된 각각의 요소에 대한 근거는 제시하지 않을 것이다. 다만 다음 사항을 언급하고자 한다. 첫째, 이는 행위자 중심적 관점이 아니라 사용자 중심적 관점을 기반으로 한다. 둘째, 이러한 연구 주제를 따라가는 과정에서 정보 관리가 아니라 주의 관리(광범위하게 구축된)와 관련 있는 윤리적 질문에 주목한다. 셋째, 그 특성상 의식적으로 적대적인 설계(즉 사용자 목적에 반하는 목적을 지닌)는 금한다. 오늘날 주의력 경제에서 작동하고 있는 설계의 상당수가 여기에 포함된다. 넷째, 존중과 존엄의 질문을 넘어서 설계자 입장에서 **관심**에 대한 기대를 포함한다. 마지막으로 측정을 디지털 기술 설계 환경에서 그러한 관심을 작동하게 만드는 핵심 방식으로서 인식한다(이 부분은 추후 계속해서 논의할 것이다).

측정은 또한 중요한 요소다. 일반적으로 사용자 의도 측정을 개선하는 과정에서 우리의 목표는 우리가 이미 측정하고 있는 것을 가치 있게 여기는 것이 아니라, 가치 있게 여기는 것을 측정하는 것이다. 디지털 광고에 관한 윤리적 논의는 사용자 측정을 제한하는 것이 프라이버시나 데이터 보호와 같은 조치를 고려할 때 마땅하다고 종종 가정한다. 이러한 문제는 실제로 중요한 윤리적 고려 대상이며, 정보적 차원에서 사용자와 기술 사이 상호작용을 인식할 때 자연스럽게 따라 나올 결론이다. 하지만 앞서 설명했듯이 우리가 주의 중심적 관점을 취한다면, 사용자 측정을 제한하는 것은 여러 면에서 상황의 윤리를 복잡하게 만들고, 어쩌면 이를 적극적으로 가로막게 될 것이다.

규모가 더 큰 측정(올바른 대상에 대한)은 원칙적으로 좋은 것이다. 측정은 기술 설계자와 광고주가 특정 사용자에게 주목하기 위한 주요한 수단이며, 그렇기에 이는 설계자의 책임과 관련된 논의(필요하다면 개입)가 이뤄지는 기반으로 기능할 수 있다.

우리가 사용자 측정과 관련해 제기해야 할 중요한 윤리적 질문은 단지 '사용자에 관해 더 많은 정보를 수집하는 것이 윤리적인가'(물론 어떠한 상황에서 이는 적절한 질문이다)가 아니라, '측정해야 할 도덕적인 책임이 있는, 사용자에 관한 어떠한 정보를 측정하지 않고 있는가'이다.

측정해야 할 올바른 대상은 무엇일까? 그 한 가지는 사용자 측면의 잠재적 취약성이다. 여기에는 사용자가 취약한 '집단'의 일부가 될 수 있다는 신호뿐 아니라(예를 들어 아동이나 정신적 장애가 있는 사람) 사용자가 특히 취약한 **메커니즘**을 갖고 있을 수 있다는 신호를 포함한다(예를 들어 자신을 중독이나 자기통제력을 잃은 행동으로 이끄는 자극에 더 취약할 수 있다). 우리가 아이들에 대한 광고를 규제하는 것이 적절하다고 판단한다면, '우리 안의 아이'를 목표로 하는 광고를 왜 마찬가지로 규제하지 않는지 캐물어야 할 것이다.

측정을 개선해야 할 또 다른 주요 영역은 사용자 의도에 대한 이해다. 예를 들어 사용자 의도를 드러내는 신호로서 검색어는 검색엔진 광고 성공에 주요한 역할을 했다. 거시적 차원에서 사용자 의도의 신호는 앞을 내다보는 형태(가령 검색어에서 명시적으로 드러나거나, 혹은 사용자 행동에서 유추된 의도)는 물론 뒤를 돌아보는 형태(가령 사용자가 특정한 웹사이트에 접속한 뒤 정보를 얻지 않고 곧바로 나가버리는 행위와 같은 후회)로도 측정 가능하다. 하지만 사용자 의도 측정의 지평은 낮은 단계의 **과제**에 머물러서는 안 된다. 더 높은, 그리고 장기적인 사용자 **목표** 또한 포함해야 한다. 기술 개발자는 종종 '사용자에게 그들이 원하는 것을 준다'라고 말함으로써 자신들의 설계 의사결정을 정당화한다. 하지만 사용자에게 이는 '그들이 원하는 것을 원하도록 해주는' 것과 다를 수 있다. 이를 제공하기 위해서는 사용자의 더 높은 목표를 측정해야 한다.

측정할 가치가 있는 또 다른 것에는 기술이 사용자의 삶에 미치는 부정적인 영향(예를 들어 주의 분산이나 전반적인 행복 감소)은 물론, 상품이 가져다주는 순수한 혜택에 대한 전반적인 견해를 포함한다(카우치서핑닷컴Couchsurfing.com의 '조직화된 순 유쾌함net orchestrated conviviality' 기준처럼).[15] 이를 시작하는 한 가지 방법은 '사명을 측정'하는 것이다. 즉 기업의 사훈이나 존재 목적을 기준으로 삼는 것이다. 사명은 대다수 기업이 갖고 있지만, 실제로 성공을 측정하는 과정에서는 좀처럼 기준으로 삼지 않는다. 마지막으로 기업은 그들의 광고 시도가 광고의 설득적 목표에 해당하는 영향뿐 아니라 사용자에게 미치는 폭넓은 영향에 대해 측정해야 한다.

주의력 경제 개혁을 위한 잠재력

궁극적으로 이러한 개입(설득적 설계 목표의 투명성 강화, 새로운 행동 장치 개발, 혹은 사용자 측정 개선) 중 어느 것도 설계 과정에서 사용자의 목소리를 듣게 하는 새로운 메커니즘이 없다면, 근본적이고 지속적인 변화를 창조하기 어렵다. 주의적 **노력** 차원에서(사용자로서 우리가 주의적 노력에 대해 충분한 가치를 얻지 못하고, 그러한 노력의 조건이 용인되지 못하는) 주의력 경제의 근본적인 문제를 바라본다면, 우리는 필요한 개선을 일종의 주의력 경제의 근로자(말하자면 우리 모두)를 위한 '노동조합'으로 이해할 수 있다. 혹은 우리의 주의적 지출을 '주의세attention tax' 납부로 이해할 수 있다. 이 경우 우리는 최근 대표 없이 주의적 과세를 부담해야 하는 자신의 모습을 보게 된다.

그러나 아무리 우리가 정치적 도전 과제의 본질을 이해한다고 해도, 교정은 결국 설계 과정에서 사용자 의견 개진으로 이뤄져야 한다. 형식적인 포함만으로는 충분하지 않다. 사용자는 설계 과정에서 **실제** 발언권을 얻고, 변화에 영향을 미칠 수 있는 **실제** 힘을 가져야 한다. 현재로서는 사용자가 기술 설계 의사결정에서 시장이나 사용자 경험 연구 방식에 의해 지극히 부분적인 발언권만을 갖고 있다. 그러나 이러한 상황에 대한 우려는 일반적으로 비즈니스 가치에 대한 질문에서 끝이 난다. 이는 좀처럼 실질적인 정치적, 혹은 윤리적 고려 사항을 제기하지 않으며, 외부적으로 투명한 책임 메커니즘과 조금도 비슷한 기능을 하지 않는다. 물론 그건 지금까지 시스템이 하도록 설계되었던 것이라는 점에서 하등 놀라운 일이 아니다.

나는 디지털 주의력 경제 개혁을 위한 잠재력에 대해 낙관적인지, 비관적인지 묻는 질문을 종종 받곤 한다. 내 대답은 둘 다 아니라는 것이다. 그 질문은 우리 앞에 놓인 중요한 과제가 행동이 아니라 예측이라는 사실을 가정한다. 이러한 접근 방식은 우리의 자율성을 배제하고 지나치게 수동적이다.

일부는 여기서 내가 소개하는 방식대로 주의력 경제를 개혁하는 목표는 지나치게 야심 차고, 이상적이며, 유토피아적이라 주장할 것이다. 그러나 나는 그렇게 생각하지 않는다. 적어도 이는 민주주의 자체에 비해 더 야심 차거나, 이상적이거나, 유토피아적이지 않다. 마지막으로 어떤 이들은 이러한 일을 하기에 '너무 늦었다'라고 말할 것이다. 만약 그렇다면, 나는 고개를 저으며 웃을 것이다. 디지털 기술은 이제 막 시작되었다. 인류가 돌도끼에 손잡이를 달기까지 140만 년의 세월이 필요했다는 사실을 떠올려보자. 반면 웹의 역사는 이제 1만 일도 되지 않았다.

13

발명의 가장 밝은 천국

오, 불의 뮤즈를 위해 그건 상승할 것입니다.

발명의 가장 밝은 천국

— 윌리엄 셰익스피어, 「헨리 5세」

내가 좋아하는 유튜브 영상 두 가지를 소개한다. 첫 번째 영상 속에서는 가족들이 뒷마당에서 아버지의 생일 파티를 하고 있다. 누군가 아버지에게 선물을 건넨다. 다른 누군가가 그 장면을 촬영하고 있는 광경을 본 아버지는 선물이 특별한 것임을 눈치챈다. 그는 이런저런 농담을 하면서 천천히 선물 포장을 푼다. 포장지를 벗기자 선글라스가 담긴 상자가 나타난다. 이 선글라스는 일반적인 것처럼 햇볕을 가리기 위한 용도가 아니다. 그건 자신과 같은 사람들, 즉 색맹들이 세상의 색깔을 볼 수 있도록 만들어진 것이다. 그는 상자 뒷면에 적힌 자세한 설명을 필요 이상으로 오랫동안 읽으면서 자신을 깜짝 놀라게 만든 지금의 경험에 대해 마음을 준비하는 듯 뜸을 들인다.

결국 그는 검은 안경을 꺼낸다. 그리고 아무 말 없이 구석구석을 살핀다. 누군가 화면 밖에서 이렇게 외친다. "한번 써보세요!" 그는 안경을 쓰고는 곧바로 화면 밖으로 시선을 돌리며, 그 상황을 차분하게 받아들이기 위해 애를 쓴다. 하지만 그는 자신이 매일 보는 물건들 사이에서 강한 충격을 받을 수밖에 없다. 모든 것이 바뀌었기 때문이다. 그는 난생처음으로 잡풀의 초록색을, 하늘의 푸른색을, 아내가 키우는 포인세티아꽃과 그녀 입술의 붉은색을, 마지막으로 풍성한 다갈색 머릿결의 아이들이 활짝 웃으며 자신에게 달려와 안길 때 그들의 뺨에 비치는 복숭앗빛을 바라본다. 그는 눈물을 흘리며 연신 이렇게 감탄한다. "오, 와우. 오, 이런."

두 번째 영상은 우주에서 지구를 내려다보는 장면으로 시작한다. 그 위로 국제우주정거장이 지나가고 있다. 국제우주정거장 내 관측실 큐폴라Cupola 내부에서 피아노 선율이 흐른다. 거기에서는 콧수염이 난 캐나다 우주비행사 크리스 해드필드Chris Hadfield가 공중을 떠다니면서 생각에 잠긴 듯 지구를 내려다보고 있다. 피아노 선율이 마이너 코드로 접어들자 해드필드는 카메라를 쳐다보며 데이비드 보위의 노래 〈스페이스 오디티Space Oddity〉의 첫 마디를 흥얼거린다. "Ground control to Major Tom(여기는 지상관제소, 톰 소령 응답하라)." 그는 렌즈로 들어온 빛이 번지고 벽에 전선이 가득 붙어있는 우주선 복도를 따라가면서 계속 노래를 부른다. 어느 순간 그의 손에는 기타가 들려 있고, 주변에는 노트북들이 마치 균형을 잡으려는 듯 코브라처럼 생긴 전선에 매달려 있다. 해드필드는 노래한다. “Lock your Soyuz hatch and put your helmet on(소유즈 해치를 잠그고 헬멧을 써라).” (보위의 원래 버전 노랫말은 이렇다. “Take your protein pills and put your helmet on(단백질 알약을 먹고 헬멧을 써라).” 소유즈는 오늘날 우주비행사를 국제우주정거장으로 데려다주는 로켓이다.) 해드필드는 이제 벽을 천으로 마감한 작은 방 안에서 노래를 부른다. 그러고는 다른 여러 통로와 방을 떠다니다 지구에서 반사된 빛으로 환한 큐폴라로 돌아온다. 그의 노래는 계속된다. “Here am I floating in my tin can/ Last glimpse of the world/ Planet Earth is blue, and there's nothing left to do(나는 지금 깡통 속을 떠다니고 있지/ 마지막으로 바라본 세상/ 지구는 푸르고, 이제 해야 할 일은 없네).” (마지막 구절의 보위의 원래 버전은 “there's nothing I can do(내가 할 수 있는 일은 없네)”이다.) 나는 우주비행사들이 언제부터 우주에서 인터넷을 사용할 수 있게 되었는지 알지 못한다. 하지만 이 영상을 보고 월드와이드웹은 더 이상 월드와이드에 국한된 것이 아니라는 사실을 깨닫게 되었다.

기술은 그 최고 상태에서 우리에게 새로운 인식의 문을 열어주고, 우리 내면에 잠든 경외심과 놀라움을 불러일으키며, 우리들 사이 공감을 창조한다. 1960년대 샌프란시스코 주민들은 다음과 같은 문구가 적힌 배지를 달고 다녔다. “왜 지금껏 우주에서 바라본 지구 사진을 보지 못했을까?” 이들은 인식의 전환(‘조망 효과 overview effect’라고도 하는)이 때로 사고의 전환으로 이어질 수 있다는 사실을 알고 있었다. 결과적으로 그 생각은 옳았다. 지구를 촬영한 사진이 널리 퍼졌을 때 그건 자연의 땅을 하나의 형체로 바꿔놨고 환경운동을 촉발했다. 이를 통해 우리는 모두 우주비행사의 시선으로 지구를 바라보게 되었다. 우주비행사들은 우주 상공에서 '지구빛earthlight', 혹은 달 표면에서 바라본 '지구돋이earthrise'라는 신조어를 만들어냈다. (정확한 자료를 확인할 수는 없지만, 다음과 같은 말을 남긴 사람은 배우 놈 맥도널드Norm MacDonald였을 것이다. "'지구가 어디 있지?' '오, 저기 있군'이라고 처음 말하는 사람이 된다는 것은 분명 기이한 경험이었을 것이다.")

이제 우리 내부 환경에서도 비슷한 변화(지구빛을 발견하는 조망효과)가 필요하다. 이번에도 우주 탐험이 중요한 역할을 하게 될지 누가 알겠는가. 어쨌든 우주 탐험은 지난 혼돈의 세월 동안 공동의 목표와 목적, 그리고 이야기를 우리에게 가져다줬다. 신화학자 조지프 캠벨Joseph Campbell은 이렇게 말한다. "현대의 영웅적인 행동이란 함께 움직이는 영혼이라 하는 잃어버린 아틀란티스를 다시 한번 밝혀줄 질문을 던지는 일이 되어야 한다."[1] 이는 개인적, 집단적 차원에서 옳은 말이다.

이러한 도전 과제에 대처하기 위해 우리는 경외감과 놀라움의 경험을 활용해야 한다. (흥미롭게도 이러한 감정은 분노와 마찬가지로 주의력 경제 속에서 '널리 퍼지는' 경향이 있다.) 우리는 우리의 주의를 장악하려는 힘에 빛을 가리지 말라고 요구해야 한다. 이 말은 지금의 주의적 농노제를 거부해야 한다는 뜻이다. 우리는 무력하고,

분노의 충동이 우리를 지배하며, 고통이 우리를 규정한다는, 혹은 상황이 이처럼 나쁜 형태로 돌아가도록 방치한 것에 대해 죄책감을 느껴야 한다는 생각을 거부해야 한다. 이는 새로움 그 자체를 위한 새로움, 그리고 변혁 그 자체를 위한 변혁을 거부해야 한다는 뜻이다. 무기력함과 운명론, 그리고 '우리 대 그들'의 대립 구조를 강조하는 이야기를 거부해야 한다. 이는 우리의 도전 정신을 바탕으로 선을 추구한다는 뜻이기도 하다. 그렇다고 유토피아를 추구해야 한다는 뜻은 아니다. 이는 상상이다. 아주 조금이라도 상상력을 품은 사람이라면 알고 있듯이, '상상'은 결코 '현실'의 반대말이 아니다.

미래 세대는 외부 환경에 대한 책임뿐 아니라 내부 환경에 대한 책임을 얼마나 다했는지를 기준으로 우리 세대를 평가할 것이다. 오늘날 위기는 지구의 기온 상승뿐 아니라 제대로 기능하지 못하는 주의 역량에서 비롯되고 있다. 이러한 점에서 우리의 임무는 외부 환경을 재편하는 것뿐 아니라, 우리가 중요한 것에 주의를 기울일 수 있도록 세상을 재편하는 일일 것이다.

오늘날 올바른 형태의 재설계는 아직 유행으로 퍼지지 못했다. 내 목표는 내게 주어진 시간과 공간을 최대한 활용해 그 올바른 형태를 정의하고 개선하는 일이다. 나는 우리가 물려받은 기술적 설득의 방대한 인프라에 대해 깊은 관심을 공유하면서, 동시에 나와 같은 문제를 인식하는 이들을 만나는 과정에서 위안을 얻고, 내가 운 좋게도 이 책을 쓰면서 품었던 것과 똑같은 탐험의 열정으로 그 문제에 대처하려는 다른 이들의 주의를 격려하고 안내하고자 했다.

중요한 일을 하려면 우리는 먼저 중요한 대상에 주의를 기울일 줄 알아야 한다. 자신의 주의를 지키려는 의지와 능력이 강력할수록 우리는 더 자유로워질 수 있다는 생각은 그 어느 때보다 강한 나의 신념이다.

감사의 말

오랜 세월 사랑과 격려를 보내준 아내와 형제, 그리고 부모님께 깊은 감사를 전한다. 특히 아버지 로드니 돈 윌리엄스 박사에게 받은 영향에 고마움을 전한다. 아버지는 내가 매일 열망하는 선함과 지혜를 갖춘 분이다.

여기서 소개한 많은 아이디어에 도움을 준 여러 친구와 스승, 그리고 동료에게 고마움을 전한다. 내 박사과정 연구에 소중한 조언을 아끼지 않은 루치아노 플로리디와 옥스퍼드대학 디지털윤리연구소에 감사를 전한다. 내 연구에 지속적인 피드백을 준 줄리언 사불레스쿠와 실천윤리학을 위한 옥스퍼드우에히로연구소에 감사의 말씀을 드린다. 또한 베일리얼칼리지 친구들에게 수많은 밤을 함께했던 생생하고 열띤 토론에 감사를 전한다. 특히 조슈아 멜빌과 애처스 부린, 토머스 뮐러-닐센의 이름을 언급하고 싶다. 나는 글로벌 타임웰스펜트Time Well Spent 커뮤니티, 특히 트리스탄 해리스와 조 에델만, 맥스 스토셀, 아니카 세이걸의 지속적인 협력으로 큰 도움을 얻었다.

나는 많은 유능한 사람들, 그룹들과의 소중한 논의에서 도움을 얻었다. 그들 중에는 빅토리아 내쉬와 윌리엄 더튼, 마리아로사리아 타데오, 팀 우, 버카드 샤퍼, 랠프 슈뢰더, 빌리 레돈비타, 에릭 메이어, 히서 포드, 옥스퍼드인터넷연구소 철학박사 세미나, 로저 크리스프, 자넷 래드클리프-리처드즈, 레지나 리니, 제프 맥마한, 그리고 옥스퍼드도덕철학 세미나, 옥스퍼드프로그레스 세미나의 응용윤리학 연구, 앤더스 샌버그, 카리사 벨리즈, 페이 니커, 와엘 고님, 벤슨 다스트룹, 콘스타틴 비카, 에밀리언 미하일로프가 있다.

이 책은 어네스토 오야르비드의 격려가 없었더라면 세상에 나오지 못했을 것이다. 그는 내게 나인닷츠프라이즈에 대해 알려줬고, 지원해보라고 용기를 불어넣어줬다. 그 특별한 대회를 처음 구상하고 실행에 옮긴 모든 이에게 감사를 전한다. 이들 중에는 피터 카다스와 카다스프라이즈재단, 제인 팅클러, 사이먼 골드힐, 케임브리지대학의 예술·사회과학·인문학연구소, 나인닷츠프라이즈이사회, 그리고 라이엇커뮤니케이션즈의 케이틀린 앨런과 로라 커티스가 있다.

마지막으로 내게 날카로운 편집 지침을 줬던 케임브리지대학 출반부의 크리스 해리슨과 새러 페인은 물론, 연구 과정을 도왔던 크리스털 린에게 고마운 마음을 전한다. 이 책에서 소개한 몇몇 아이디어의 소재를 발견할 수 있었던 옥스퍼드 〈실천윤리학〉 블로그와 《퀼렛*Quillette*》 잡지에도 감사한 말씀을 드린다.

더 읽을거리

- 매슈 크로퍼드 (2019년). 『당신의 머리 밖 세상』 (노승영 역). 문학동네. (원서 출간 2015년)
- 니르 이얄 (2022년). 『훅』 (조자현 역). 유엑스리뷰. (원서 출간 2014년)
- 올더스 헉슬리 (2015년). 『멋진 신세계』 (안정효 역). 소담출판사. (원서 출간 1932년)
- 올더스 헉슬리 (2015년). 『다시 찾아본 멋진 신세계』 (안정효 역). 소담출판사. (원서 출간 1985년)
- 윌리엄 제임스 (2005년). 『심리학의 원리 1, 2, 3』 (정양은 역). 아카넷. (원서 출간 1983년)
- 닐 레비 (2011년). 『신경윤리학이란 무엇인가』 (신경인문학연구회 역). 바다출판사. (원서 출간 2007년)
- 얀 베르너 뮐러 (2017년). 『누가 포퓰리스트인가』 (노시내 역). 마티. (원서 출간 2016년)
- 마사 누스바움 (2018년). 『분노와 용서』 (강동혁 역). 뿌리와이파리. (원서 출간 2016년)
- 조지 오웰 (2003년). 『1984』 (정회성 역). 민음사. (원서 출간 1949년)
- 닐 포스트먼 (2009년). 『죽도록 즐기기』 (홍윤선 역). 굿인포메이션. (원서 출간 1985년)
- 장 자크 루소 (2022년). 『정치경제론 사회계약론 초고』 (이충훈 역). 후마니타스. (원서 출간 1755년; 2009년)
- 장 자크 루소 (2018년). 『사회계약론』 (김영욱 역). 후마니타스. (원서 출간 1762년; 2009년)

주

1 트롤을 위한 철학

1 Diogenes Laertius vi. 32; Arrian VII.2.

2 Diogenes Laertius vi. 38; Arrian VII.2.

2 불완전한 GPS

1 Google (2017). Our Company. www.google.com/intl/en/about/ourcompany/(여기서 소개하는 모든 웹페이지는 2017년 11월 1일에서 12월 31일 사이에 확인한 것이다.)

2 Ware, Bronnie (2009). Regrets of the Dying. www.bronnieware.com/blog/regrets-of-the-dying.

3 Innis, Harold A. (2008). *The Bias of Communication*. University of Toronto Press.

4 내가 자주 참조하는 책은 '더 읽을거리'에서 확인할 수 있다.

5 Huxley, Aldous (1985). *Brave New World Revisited*. New York, NY: Harper & Brothers.

6 Postman, Neil (1987). *Amusing Ourselves to Death*. Harmondsworth: Penguin.

3 주의의 시대

1 Eliot, T. S. (1922). *The Waste Land*. New York, NY: Boni & Liveright.

2 Simon, Herbert A. (1971). Designing Organizations for an Information-Rich World. *Computers, Communication, and the Public Interest* (pp.40-41). Baltimore, MD: Johns Hopkins University Press.

3 Fanelli, Matthew (2017). Getting Consumers' Attention Across Every Screen They have at Home. eMarketer, December 5. www.emarketer.com/Article/Getting-Consumers-Attention-Across-Every-Screen-They-Have-Home/1016798

4 McLuhan, Marshall (1964). *Understanding Media*. New York, NY: Mentor. Postman, Neil (1970). The Reformed English Curriculum. *High School 1980: The Shape of the Future in American Secondary Education*, ed. A.C. Eurich. London: Pitman.

4 스스로 경계 세우기

1 Deutsche Telekom AG (2012). Smart Payments – How the Cell Phone Becomes a Wallet. www.studie-life.de/en/life-reports/smart-payments/

2 Smith, Aaron (2015). U.S. Smartphone Use in 2015. Pew Research Center. www.pewinternet.org/2015/04/01/us-smartphone-use-in-2015/

3 Perlow, Leslie A. (2012). *Sleeping with Your Smartphone: How to Break the 24/7 Habit and Change the Way you Work*. Boston, MA: Harvard Business Review Press. Andrews, S., Ellis, D. A., Shaw, H. and Piwek, L. (2015). Beyond Self-Report: Tools to Compare Estimated and Real-World Smartphone Use. *PLoS One*, 10 (10), pp.1–9. dscout (2016). Mobile Touches: dscout's Inaugural Study on Humans and their Tech. https://blog.dscout.com/hubfs/downloads/dscout_mobile_touches_study_2016.pdf

4 Frankfurt, Harry G. (1988). *The Importance of What We Care About: Philosophical Essays*. Cambridge University Press.

5 Diogenes Laertius vi. 24; Arrian VII.2.

6 Sloterdijk, P. (2014). *You Must Change Your Life*. Hoboken, NJ: John Wiley.

7 Baumeister, R. F., Bratslavsky, E., Muraven, M. and Tice, D. M. (1998). Ego Depletion: Is the Active Self a Limited Resource? *Journal of Personality and Social Psychology*, 74 (5), pp.1252–1265. https://doi.org/10.1037/0022-3514.74.5.1252

8 Banerjee, Abhijit and Mullainathan, Sendhil (2010). The Shape of Temptation: Implications for the Economic Lives of the Poor. National Bureau of Economic Research working paper. www.nber.org/papers/w15973. Spears, Dean (2010). Economic Decision-making in Poverty

Depletes Behavioral Control. Centre for Economic Policy Studies, working paper. www.princeton.edu/ceps/workingpapers/213spears.pdf. Vohs, K. D., Baumeister, R. F., Schmeichel, B. J., Twenge, J. M., Nelson, N. M., Tice, D. M. and Cirino, K. (2008). Making Choices Impairs Subsequent Self-Control: A Limited-Resource Account of Decision Making, Self-Regulation, and Active Initiative. *Journal of Personality and Social Psychology*, 94 (5), pp.883 – 898. https://doi.org/10.1037/0022-3514.94.5.883

9 Diogenes Laertius vi. 33; Arrian VII.2.

10 Norris, Pippa (2001). *Digital Divide: Civic Engagement, Information Poverty, and the Internet Worldwide*. Cambridge University Press.

11 Offer, Avner (2006). *The Challenge of Affluence: Self-Control and Well-being in the United States and Britain Since 1950*. Oxford University Press.

12 Bose (2017). Bose HearPhones. www.bose.com/en_us/products/headphones/conversation_enhancing_headphones/hearphones.html

13 Huxley, Aldous and Smith, Huston (2013). *The Divine Within: Selected Writings on Enlightenment*. New York, NY: Harper Perennial.

14 Tesla, Nikola (1919). *My Inventions*, p.56.

15 Levy, Neil (2007). *Neuroethics*. Cambridge University Press, p.xxx.

5 마음의 왕국

1 Aesop, "The North Wind and the Sun." Perry Index 46.

2 Redström, Johan (2006). Persuasive Design: Fringes and Foundations. *Persuasive Technology*, pp.112 – 122.

3 Goss, Jon (1993). The "Magic of the Mall": An Analysis of Form, Function, and Meaning in the Contemporary Retail Built Environment. *Annals of the Association of American Geographers*, 83 (1), pp.18 – 47. https://doi.org/10.1111/j.1467-8306.1993.tb01921.x

4 Churchill, Winston (1943). House of Commons Rebuilding (pp.403 – 406). www.winstonchurchill.org/resources/speeches/1941-1945-war-leader/the-price-of-greatness-is-responsibility/

5 Simonite, Tom (2016). How Google Plans to Solve Artificial Intelligence. *MIT Technology Review*. www.technologyreview.com/s/601139/howgoogle-plans-to-solve-artificial-intelligence/. Rowan, David (2015). DeepMind:

Inside Google's Super-brain. WIRED. www.wired.co.uk/article/deepmind
6 Singel, Ryan (2010). OCT. 27, 1994: Web Gives Birth to Banner Ads. WIRED. www.wired.com/2010/10/1027hotwired-banner-ads
7 eMarketer Report (2017). Worldwide Ad Spending: The eMarketer Forecast for 2017. www.emarketer.com/Report/Worldwide-Ad-SpendingeMarketer-Forecast-2017/2002019
8 Vance, Ashlee (2011). This Tech Bubble is Different. *Bloomberg Businessweek*, April 14.
9 Samuels, J., Eaton, W. W., Bienvenu, O. J., Brown, C. H., Costa, P. T. and Nestadt, G. (2002). Prevalence and Correlates of Personality Disorders in a Community Sample. *British Journal of Psychiatry: The Journal of Mental Science*, 180 (6), pp.536–542. https://doi.org/10.1192/BJP.180.6.536. Tversky, Amos and Kahneman, Daniel (1973). Availability: A Heuristic for Judging Frequency and Probability. *Cognitive Psychology*, 5 (2), pp.207–232. https://doi.org/10.1016/0010-0285(73)90033-9
10 Bargh, John A. and Chartrand, Tanya L. (1999). The Unbearable Automaticity of Being. *American Psychologist*, 54 (7), p.462.
11 Crisp, Roger (1987). Persuasive Advertising, Autonomy, and the Creation of Desire. *Journal of Business Ethics*, 6 (5), pp.413–418.
12 Bradt, George (2016). Wanamaker was Wrong–The Vast Majority of Advertising is Wasted. *Forbes*, September 14.
13 Turow, Joseph (2012). *The Daily You: How the New Advertising Industry is Defining your Identity and your Worth*. New Haven, CT: Yale University Press.
14 Barth, A. (2011). HTTP State Management Mechanism. Internet Engineering Task Force. https://tools.ietf.org/html/rfc6265
15 Lawson, Matt (2015). Under the Hood: How Google AdWords Measures Store Visits. Search Engine Land, June 18. https://searchengineland.com/hood-google-adwords-measures-store-visits-222905
16 Kahneman, Daniel (2012). *Thinking, Fast and Slow*. New York: Farrar, Straus and Giroux. Przybylski, A. K., Murayama, K., DeHaan, C. R. and Gladwell, V. (2013). Motivational, Emotional, and Behavioral Correlates of Fear of Missing Out. *Computers in Human Behavior*, 29 (4), pp.1841–1848.
17 Harris, Tristan (2016). How Technology Hijacks People's Minds–From a Magician and Google's Design Ethicist. Thrive Global, May 18. https://

journal.thriveglobal.com/how-technology-hijacks-peoples-minds-from-amagician-and-google-s-design-ethicist-56d62ef5edf3

18 Rayson, Steve (2017). We Analyzed 100 Million Headlines. Here's What We Learned. Buzzsumo, June 26. http://buzzsumo.com/blog/most-sharedheadlines-study/

19 Fogg, B. J. (2003). *Persuasive Technology: Using Computers to Change What We Think and Do*. Burlington, MA: Morgan Kaufmann. Parr, Martin(2015). The Selfie Stick. www.martinparr.com/2015/the-selfie-stick/

20 Eyal, Nir (2014). *Hooked: How to build Habit-Forming Products*. London: Portfolio Penguin.

21 Ferster, C. B. and Skinner, B. F. (1957). *Schedules of Reinforcement*. East Norwalk, CT: Appleton-Century-Crofts.

22 Rivlin, Gary (2007). Slot Machines for the Young and Active. *New York Times*, December 10.

23 Schüll, Natasha (2014). *Addiction by Design: Machine Gambling in Las Vegas*. Princeton University Press.

24 Kincaid, Harold and Ross, Don (eds.) (2009). *The Oxford Handbook of Philosophy of Economics*. Oxford University Press.

25 Electronic Frontier Foundation (1994). https://w2.eff.org/Net_culture/Net_info/EFF_Net_Guide/EEGTTI_HTML/eeg_213.html

26 Statista (2017). www.statista.com/markets/424/topic/540/social-mediauser-generated-content/

27 FastCompany (2017). Google and Facebook Now Own 85% of Internet Ad Growth. www.fastcompany.com/4039263/google-and-facebook-now-own-85-of-internet-ad-growth

28 Lee, Timothy B. (2016). Mark Zuckerberg is in Denial About How Facebook is Harming our Politics. Vox, November 10. www.vox.com/new-money/2016/11/6/13509854/facebook-politics-news-bad

6 시민은 상품이다

1 Wittgenstein, Ludwig (1921). *Tractatus Logico-Philosophicus*, trans. C. K. Ogden. New York: Dover, 1999.

2 Kay, Paul and Kempton, Willett (1984). What is the Sapir-Whorf

Hypothesis? *American Anthropological Society*, March.
3 Diogenes Laertius vi. 63; Arrian VII.2.
4 Judt, Tony (2011). *Ill Fares the Land: A Treatise on our Present Discontents*. Harmondsworth: Penguin.
5 Rogers, Kenneth (2014). *The Attention Complex*. New York, NY: Palgrave Macmillan.
6 Nobre, Anna C. and Kastner, Sabine (eds.) (2014). *The Oxford Handbook of Attention*. Oxford University Press.
7 Lavie, Nilli (2005). Distracted and Confused?: Selective Attention Under Load. *Trends in Cognitive Sciences*, 9 (2), pp.75 – 82.
8 Mill, John Stuart (1859). *On Liberty*. London: Longman, Roberts & Green.
9 Franck, Georg (1999). The Economy of Attention. *Merkur*, pp.534-535.
10 Harvey, Jerry B. (1988). *The Abilene Paradox and Other Meditations on Management*. San Francisco, CA: Jossey-Bass.
11 Pask, Gordon (1975). *The Cybernetics of Human Learning and Performance*. London: Hutchinson.

7 집중의 빛이 가려질 때

1 Dylan, Bob (2006). *Dylan, The Essential Interviews*, ed. J. Cott. New York, NY: Wenner Books.
2 Huxley, Aldous and Smith, Huston (2013). Distractions-I. *The Divine Within: Selected Writings on Enlightenment*. New York, NY: Harper Perennial.
3 Elliot, A. J., Maier, M. A., Moller, A. C., Friedman, R. and Meinhardt, J. (2007). Color and Psychological Functioning: The Effect of Red on Performance Attainment. *Journal of Experimental Psychology*, 136 (1), pp.154 – 168.
4 Curtis, Valerie A. (2007). Dirt, Disgust and Disease: A Natural History of Hygiene. *Journal of Epidemiology and Community Health*, 61, pp.660 – 664.
5 Posner, M. I., Rafal, R. D., Choate, L. S. and Vaughan, J. (1985). Inhibition of Return: Neural Basis and Function. *Cognitive Neuropsychology*, 2 (3), pp.211 – 228.
6 Csikszentmihalyi, Mihaly (2008). *Flow: The Psychology of Optimal Experience*. New York, NY: Harper Perennial.

7 Mark, G., Gudith, D. and Klocke, U. (2008). The Cost of Interrupted Work: More Speed and Stress. Proceedings of the SIGCHI Conference on Human Factors in Computing Systems.

8 King, G., Pan, J., Roberts, M. E., Allen, D., Bol, P., Fair, B. and Zheng, C. (2017). How the Chinese Government Fabricates Social Media Posts for Strategic Distraction, Not Engaged Argument. Research article. https://gking.harvard.edu/files/gking/files/50c.pdf

9 Illing, Sean (2017). China is Perfecting a New Method for Suppressing Dissent on the Internet. Vox, August 2.www.vox.com/world/2017/8/2/16019562/china-russia-internet-propaganda-media

10 Confessore, Nicholas and Yourish, Karen (2016). $2 Billion Worth of Free Media for Donald Trump. *New York Times*, March 16. www.nytimes.com/2016/03/16/upshot/measuring-donald-trumps-mammoth-advantage-infree-media.html

11 Green, Joshua and Issenberg, Sasha (2016). Inside the Trump Bunker, with 12 Days to Go. *Bloomberg Businessweek*, October 27. www.bloomberg.com/news/articles/2016-10-27/inside-the-trump-bunker-with-12-days-to-go

8 별빛이 가려질 때

1 Schechtman, Marya (1996). *The Constitution of Selves*. Ithaca, NY: Cornell University Press.

2 Lewis, Paul (2017). Our Minds can be Hijacked: The Tech Insiders Who Fear a Smartphone Dystopia. *Guardian*, October 5. www.theguardian.com/technology/2017/oct/05/smartphone-addiction-silicon-valley-dystopia

3 Wittenstein, Jeran (2017). What is Trump Worth to Twitter? One Analyst Estimates $2 Billion. *Bloomberg Businessweek*, August 17. www.bloomberg.com/news/articles/2017-08-17/what-is-trump-worth-to-twitter-one-analyst-estimates-2-billion

4 Gnambs, Timo and Appel, Markus (2017). Narcissism and Social Networking Behavior: A Meta-Analysis. *Journal of Personality*, 23 March. DOI: 10.1111/jopy.12305

5 Hughes, Dominic (2017). Social Media Pressure is Linked to Cosmetic

Procedure Boom. BBC News. www.bbc.com/news/health-40358138

6 Ulhs, Yalda T. and Greenfield, Patricia M. (2007). The Rise of Fame: A Historical Content Analysis. *Cyberpsychology: Journal of Psychosocial Research on Cyberspace*, 5 (1).

7 Braudy, Leo (1997). *The Frenzy of Renown: Fame and its History*. New York: Vintage.

8 Stevens, Matt (2017). A Stunt Turns Deadly for a Couple Seeking YouTube Fame. *New York Times*, August 29. www.nytimes.com/2017/06/29/us/shooting-youtube-stunt-minnesota.html

9 Devlin, K. (2017). The Mysterious Death of a Live-Streaming Gamer. BBC News. www.bbc.co.uk/news/blogs-trending-39232620

10 Wong, Tessa (2017). Wu Yongning: Who is to Blame for a Daredevil's Death?. BBC News. www.bbc.com/news/world-asia-china-42335014

11 Smith, Adam (1776). *The Wealth of Nations*.

12 Taub, Amanda (2016). How Stable are Democracies? Warning Signs are Flashing Red. *New York Times*, November 29. www.nytimes.com /2016/11/29/world/americas/western-liberal-democracy.html

13 Foa, R. S., Mounk, Y., Inglehart, R. F., Carter, B. L., Yarwood, J., Reyntjens, F., Watanabe, A. (2016). The Danger of Deconsolidation The Struggle Over Term Limits in Africa Delegative Democracy Revisited. *Journal of Democracy*, 27 (3). www.journalofdemocracy.org/sites/default/files/Foa%26Mounk-27-3.pdf

14 Brehm, Jack W. (1966). *A Theory of Psychological Reactance*. Oxford: Academic Press.

15 Kramer, A. D. I., Guillory, J. E. and Hancock, J. T. (2014). Experimental Evidence of Massive-Scale Emotional Contagion Through Social Networks. *Proceedings of the National Academy of Sciences of the United States of America*, 111 (24), pp.8788-8790.

16 Johnson, Clay (2014). In the wake of both the Snowden stuff and the Cuba twitter stuff, the Facebook "transmission of anger" experiment is terrifying. @cjoh, June 28.

17 Meyer, Robinson (2014). Everything We Know About Facebook's Secret Mood Manipulation Experiment. *Atlantic*, June 28. www.theatlantic.com/technology/archive/2014/06/everything-we-know-about-facebooks-

secret-mood-manipulation-experiment/373648
18 Booth, Robert (2014). Facebook Reveals News Feed Experiment to Control Emotions. *Guardian*, June 29. www.theguardian.com/technology/2014/jun/29/facebook-users-emotions-news-feeds
19 Goel, Vindu (2014). Facebook Tinkers with Users' Emotions in News Feed Experiment, Stirring Outcry. *New York Times*, August 30. www.nytimes.com/2014/06/30/technology/facebook-tinkers-with-users-emotions-in-news-feed-experiment-stirring-outcry.html
20 Taylor, Charles (1991). *The Malaise of Modernity*. Toronto: House of Anansi.
21 James, William, *Principles of Psychology*.
22 Rousseau, Jean-Jacques (1755). *A Discourse on Political Economy*.
23 Pazzanese, Christina (2017). Danger in the Internet Echo Chamber. Harvard Law Today, March 24. https://today.law.harvard.edu/danger-internet-echo-chamber/
24 Lee, E., Karimi, F., Jo, H.-H., Strohmaier, M. and Wagner, C. (2017). Homophily Explains Perception Biases in Social Networks. Research paper. https://arxiv.org/pdf/1710.08601.pdf. Thompson, Derek (2017). Everybody's in a Bubble, and that's a Problem. *Atlantic*. www.theatlantic.com/business/archive/2017/01/america-bubbles/514385/

9 햇빛이 가려질 때

1 Miller, Earl K. and Buschman, Timothy J. (2014). Natural Mechanisms for the Executive Control of Attention. *The Oxford Handbook of Attention*, ed. Anna C. Nobre and Sabine Kastner. Oxford University Press.
2 Frankfurt, Harry G. (1988). *The Importance of What We Care About: Philosophical Essays*. Cambridge University Press.
3 Fricker, Miranda (2007). *Epistemic Injustice: Power and the Ethics of Knowing*. Oxford University Press.
4 Collins Dictionary (2017). Collins Dictionary Word of the Year. www.collinsdictionary.com/woty
5 Howard, P. N., Kollanyi, B., Bradshaw, S. and Neudert, L. M. (2017). Social Media, News and Political Information During the US Election: Was Polarizing Content Concentrated in Swing States? Data memo, Oxford

Internet Institute. http://comprop.oii.ox.ac.uk/wp-content/uploads/sites/89/2017/09/Polarizing-Content-and-Swing-States.pdf

6 Associated Press (2017). Pope Francis: Fake and Sensationalised News "A Very Serious Sin." *Guardian*, December 17. www.theguardian.com/world/2017/dec/17/pope-francis-fake-and-sensationalised-news-a-very-serious-sin

7 Hemp, Paul (2009). Death by Information Overload. *Harvard Business Review*, September. https://hbr.org/2009/09/death-by-information-overload

8 Ward, A. F., Duke, K., Gneezy, A. and Bos, M. W. (2017). Brain Drain: The Mere Presence of One's Own Smartphone Reduces Available Cognitive Capacity. *Journal of the Association for Consumer Research*, 2 (2), pp.140–154.

9 Stone, Linda (2008). Just Breathe: Building the Case for Email Apnea. Huffington Post blog. www.huffingtonpost.com/linda-stone/just-breathe-building-the_b_85651.html

10 Kross, E. et al. (2013). Facebook Use Predicts Declines in Subjective Well-being in Young Adults. *PLoS ONE*, 8 (8), pp.1–6. Lin, L. Y. et al. (2016). Association Between Social Media Use and Depression Among U.S. Young Adults. *Depress Anxiety*, 33 (4), pp.323–331. Ryan, Tracii and Xenos, Sophia (2011). Who Uses Facebook? An Investigation Into the Relationship Between the Big Five, Shyness, Narcissism, Loneliness, and Facebook Usage. *Computers in Human Behavior*, 27 (5), pp.1658–1664. Sagioglou, Christina and Greitemeyer, Tobias (2014). Facebook's Emotional Consequences: Why Facebook Causes a Decrease in Mood and Why People Still Use It. *Computers in Human Behavior*, 35, pp.359–363.

11 White, Ryen and Horvitz, Eric (2009). Cyberchondria: Studies of the Escalation of Medical Concerns in Web Search. *ACM Transactions on Information Systems (TOIS)*, 27 (4), p.23.

12 Korsgaard, Christine M. (1996). *The Sources of Normativity*. Cambridge University Press.

13 Ahonen T. (2013). The Mobile Telecoms Industry Annual Review for 2013. www.slideshare.net/kleinerperkins/kpcb-internet-trends-2013/52-Mobile_Users_Reach_to_Phone

14 dscout (2016). Mobile Touches: dscout's Inaugural Study on Humans and Their Tech. https://blog.dscout.com/hubfs/downloads /dscout_mobile_

touches_study_2016.pdf
15 North, Paul (2011). *The Problem of Distraction*. Palo Alto, CA: Stanford University Press.
16 Barker, J. E. et al. (2014). Less-Structured Time in Children's Daily Lives Predicts Self-Directed Executive Functioning. *Frontiers in Psychology*, 5, p.593.
17 Pieper, Josef (1948). *Leisure: The Basis of Culture and the Philosophical Act* (p. 144). San Francisco, CA: Ignatius Press.
18 Arendt, Hannah (2013). *The Human Condition*. University of Chicago Press.
19 Arendt, Hannah (unpublished). Thoughts on Poverty, Misery and the Great Revolutions of History.
20 Salerno, Jessica and Peter-Hagene, Liana (2013). The Interactive Effect of Anger and Disgust on Moral Outrage and Judgments. *Psychological Science*, August 22. http://journals.sagepub.com/doi/10.1177/0956797613486988
21 Crockett, M. J. (2017). Moral Outrage in the Digital Age. *Nature Human Behaviour*, 1 (11), pp.769–771. Panchanathan, Karthik and Boyd, Robert (2004). Indirect Reciprocity Can Stabilize Cooperation Without the Second-Order Free Rider Problem. *Nature*, 432 (7016), pp.499–502.
22 Hofmann, W., Wisneski, D. C., Brandt, M. J. and Skitka, L. J. (2014). Replication Data For Morality in Everyday Life. Harvard Dataverse.
23 Galtung, Johan and Ruge, Mari (1965). The Structure of Foreign News: The Presentation of the Congo, Cuba and Cyprus Crises in Four Norwegian Newspapers. *Journal of Peace Research*, 2 (1), pp.64–90.
24 Dobele, A., Lindgreen, A., Beverland, M., Vanhamme, J. and van Wijk, R. (2007). Why Pass on Viral Messages? Because They Connect Emotionally. *Business Horizons*, 50 (4), pp.291–304. Berger, Jonah and Milkman, Katherine L. (2011). Social Transmission, Emotion and the Virality of Online Content (1–53). Research paper, Operations, Information and Decisions Department, University of Pennsylvania. http://opim.wharton.upenn.edu/~kmilkman/Virality.pdf. Rimé, B., Philippot, P., Boca, S. and Mesquita, B. (1992). Long-lasting Cognitive and Social Consequences of Emotion: Social Sharing and Rumination. *European Review of Social Psychology*, 3 (1), pp.225–258.
25 Valinsky, Jordan (2015). Outrage and Backlash: #CecilTheLion Racks

up 670K Tweets in 24 Hours. Digiday. https://digiday.com/marketing/outrage-backlash-cecilthelion-racks-670k-tweets-24-hours/

26 Chasmar, Jessica (2015). Mia Farrow Tweets Address of Walter Palmer, Dentist who Killed Cecil the Lion. *Washington Times*, July 29. www.washingtontimes.com/news/2015/jul/29/mia-farrow-tweets-address-ofwalter-palmer-dentist/

27 Capecchi, C. and Rogers, K. (2015). Killer of Cecil the Lion Finds out that he is a Target Now, of Internet Vigilantism. *New York Times*, July 30. www.nytimes.com/2015/07/30/us/cecil-the-lion-walter-palmer.html

28 Briefing (2017). Once Considered a Boon to Democracy, Social Media Have Started to Look Like its Nemesis. *Economist*, November 4. www.economist.com/news/briefing/21730870-economy-based-attention-easily-gamed-once-considered-boon-democracy-social-media

29 #BlackLivesMatter Campaign. http://blacklivesmatter.com/

30 #metoo Campaign. https://twitter.com/hashtag/metoo. BBC Entertainment and Arts (2017). Harvey Weinstein Timeline: How the Scandal Unfolded. BBC News. www.bbc.com/news/entertainmentarts-41594672

31 Lincoln, Abraham (1838). The Perpetuation of our Political Institutions: Address Before the Young Men's Lyceum of Springfield, Illinois. www.abrahamlincolnonline.org/lincoln/speeches/lyceum.htm

32 Kolkey, Daniel M. (1993). Justice is in the Process, not Outcome: The Racially Mixed Jury in the King Civil-Rights Trial is One Sign that the System Works. *LA Times*, March 9. http://articles.latimes.com/1993-03-09/local/me-991_1_jury-selection-process

33 Plato, *Republic*.

34 Rose-Stockwell, Tobias (2017). This is How your Fear and Outrage are Being Sold for Profit. The Mission, July 14. https://medium.com/the-mission/the-enemy-in-our-feeds-e86511488de

35 The Onion (2015). Blogger Takes Few Moments Every Morning to Decide Whether to Feel Outraged, Incensed, or Shocked by Day's News. www.theonion.com/blogger-takes-few-moments-every-morning-to-decide-wheth-1819578040

36 Russell, Bertrand (1903). A Free Man's Worship. www.philosophicalsociety.com/archives/a%20free%20man's%20worship.htm

37 Walker, Shaun (2015). Salutin' Putin: Inside a Russian Troll House. *Guardian*, April 2. www.theguardian.com/world/2015/apr/02/putin-kremlin-inside-russian-troll-house

38 Müller, Jan-Werner (2016). *What is Populism?* Philadelphia: University of Pennsylvania Press.

39 Lakoff, George (1996). *Moral Politics*. University of Chicago Press.

40 Rosenberg, P. (2016). Trump's Extremism has Deep GOP Roots: The Correlation Between Corporal Punishment and Voting Republican. Salon, September 1. www.salon.com/2016/08/01/trumps_extremism_has_deep_gop_roots_the_correlation_between_corporal_punishment_and_voting_republican/

41 Lakoff, George (1996). *Moral Politics*. University of Chicago Press.

42 Stepanek, Marcia (2016). The Algorithms of Fear. *Stanford Innovation Review*, June 14. https://ssir.org/articles/entry/the_algorithms_of_fear

43 Silver, Katie (2017). Anger and Hatred can Make us Feel Happy, Says Study. BBC News. www.bbc.co.uk/news/health-40900811

10 첫 번째 전쟁터

1 Floridi, Luciano (ed.) (2015). *The Onlife Manifesto*. Basle: Springer International.

2 Huxley, Aldous (1985). *Brave New World Revisited*. New York, NY: Harper & Brothers.

3 Andreesen, Marc (2011). Why Software is Eating the World. *Wall Street Journal*, August 20. www.wsj.com/articles/SB10001424053111903480904576512250915629460

4 Victory, Chris (2017). In 2018, MarketersWillDiscoverMoreAIApplications in Programmatic Advertising. Emarketer. www.emarketer.com/Article/2018-Marketers-Will-Discover-More-AI-Applications-Programmatic-Advertising/1016801

5 Simonite, Tom (2016). How Google Plans to Solve Artificial Intelligence. *MIT Technology Review*, March 31. www.technologyreview.com/s/601139/how-google-plans-to-solve-artificial-intelligence/. Rowan, David (2015). DeepMind: Inside Google's Super-brain. WIRED, June 22. www.wired.co.uk/article/deepmind

6 McLuhan, Marshall (1994). *Understanding Media: The Extensions of Man*. Cambridge, MA: MIT Press.

7 Sapna, Maheshwari (2017). That Game on your Phonemay be Tracking what you're Watching on TV. *New York Times*, December 28. www.nytimes.com/2017/12/28/business/media/alphonso-app-tracking.html

8 Naveh, R. N. (2014). Techniques for Emotion Detection and Content Delivery. United States Patent Application Publication. http://pdfaiw.uspto.gov/.aiw?docid=20150242679

9 Statt, Nick (2017). Facebook is Working on a Way to Let you Type with your Brain. The Verge, April 19. www.theverge.com/2017/4/19/15360798/facebook-brain-computer-interface-ai-ar-f8-2017

10 Biddle, Sam (2017). Facebook Won't Say if it Will Use your Brain Activity for Advertisements. The Intercept, May 22. https://theintercept.com/2017/05/22/facebook-wont-say-if-theyll-use-your-brain-activity-for-advertisements/

11 Mayer, Milton (1955). *They Thought They Were Free*. University of Chicago Press, pp. 170–171.

11 괴물과 은행

1 Hegel, Georg W. F. (1820). *Elements of the Philosophy of the Right*. Berlin.

2 Schull, Natasha D. (2012). *Addiction by Design: Machine Gambling in Las Vegas*. Princeton University Press.

3 Pells, Rachael (2017). Giving your Child a Smartphone is Like Giving them a Gram of Cocaine, Says Top Addiction Expert. *Independent*, June 7. www.independent.co.uk/news/education/education-news/child-smartphones-cocaine-addiction-expert-mandy-saligari-harley-street-charter-clinic-technology-a7777941.html

4 Przybylski, Andy and Orben, Amy (2017). Social Media is Nothing Like Drugs, Despite all the Horror Stories. *The Conversation*, June 18. https://theconversation.com/social-media-is-nothing-like-drugs-despite-all-the-horror-stories-79382

5 Schwab, Katharine (2017). Nest Founder: "I Wake Up in Cold Sweats Thinking, What Did We Bring To the World?" Co.Design, July 7. www.

fastcodesign.com/90132364/nest-founder-i-wake-up-in-cold-sweats-thinking-what-did-we-bring-to-the-world
6 Deming, W. Edward (1993). Deming Four-Day Seminar. Phoenix, Arizona.
7 Steinbeck, John (1939). *The Grapes of Wrath*.
8 Rader, Emilee and Gray, Rebecca (2015). Understanding User Beliefs About Algorithmic Curation in the Facebook News Feed. *Proceedings of the 33rd Annual ACM Conference on Human Factors in Computing Systems – CHI'15* (pp. 173–182). New York, NY: ACM Press.
9 Floridi, Luciano (2017). Infraethics–On the Conditions of Possibility of Morality. *Philosophy and Technology*, 30 (4), pp.391–394.
10 Whitehead, Alfred N. (1929). *The Function of Reason*. Boston, MA: Beacon Press.
11 Wu, Tim (2016). *The Attention Merchants: The Epic Scramble to Get Inside Our Heads*. New York, NY: Alfred A. Knopf.

12 주변 시간 속 주변 사람들

1 Taylor, Charles (1992). *The Ethics of Authenticity*. Cambridge, MA: Harvard University Press.
2 Richards, Jef I. and Curran, Catharine M. (2002). Oracles on "Advertising": Searching for a Definition. *Journal of Advertising*, 31 (2), pp.63–77.
3 Paine, Thomas (1776). *Common Sense*.
4 MacManus, Theodore F. (1928). The Nadir of Nothingness. *Atlantic Monthly*, 19 (May), pp.594–608.
5 Rorty, James (1934). *Our Master's Voice: Advertising*. New York: John Day. 로티의 책 제목은 축음기에서 흘러나오는 죽은 주인의 목소리에 귀 기울이는 개를 그린 프랜시스 바로드의 유명한 그림 〈주인 목소리His Master's Voice〉를 참조했다. 이 문구는 나중에 영국 음반 회사의 이름이 되었다. 현재는 엔터테인먼트 회사 HMV의 이름과 로고에 이 문구와 이미지가 남아 있다.
6 Packard, Vance (1957). *The Hidden Persuaders*. London: Longmans, Green, p. 159.
7 Levy, Neil (2007). *Neuroethics*. Cambridge University Press.

8 Manjoo, Farhad and Roose, Kevin (2017). How to Fix Facebook? We Asked 9 Experts. *New York Times*, September 11. www.nytimes.com/2017/10/31/technology/how-to-fix-facebook-we-asked-9-experts.html

9 Schwartz, Jason (2017). Tagging Fake News on Facebook Doesn't Work, Study Says. Politico, September 11. www.politico.com/story/2017/09/11/facebook-fake-news-fact-checks-242567

10 Marcus Aurelius, *Meditations*, 8.14.

11 Popper, Karl (1970). The Moral Responsibility of the Scientist. *Induction, Physics and Ethics* (pp. 329–336). Dordrecht: Springer.

12 Rotblat, Joseph (1995). Nobel Lecture. Remember your Humanity. The Nobel Foundation. www.nobelprize.org/nobel_prizes/peace/laureates/1995/rotblat-lecture.html

13 Designer's Oath. http://designersoath.com/index.html

14 Hippocrates, *Of the Epidemics*, Book I, section 11.5.

15 Edelman, Joe. www.Couchsurfing.com

13 발명의 가장 밝은 천국

1 Campbell, Joseph (2008). *The Hero with a Thousand Faces* (vol. XVII). New World Library.

나의 빛을 가리지 말라

1판 1쇄 펴냄 2022년 11월 10일

지은이 제임스 윌리엄스
옮긴이 박세연
해제 전병근
펴낸이 송상미
편집 박혜영
디자인 오필민 디자인
종이 월드페이퍼㈜
인쇄·제본 정민문화사

펴낸곳 머스트리드북
출판등록 2019년 10월 7일 제2019-000272호
주소 서울시 마포구 월드컵북로 400, 5층 11호(상암동, 서울산업진흥원)
전화 070-8830-9821
팩스 070-4275-0359
메일 mustreadbooks@naver.com

ISBN 979-11-976934-6-5 03300

STAND OUT OF OUR LIGHT